Ernst Urban Keller

Das Grab des Aberglaubens

Ernst Urban Keller

Das Grab des Aberglaubens

ISBN/EAN: 9783741184642

Hergestellt in Europa, USA, Kanada, Australien, Japan

Cover: Foto ©ninafisch / pixelio.de

Manufactured and distributed by brebook publishing software (www.brebook.com)

Ernst Urban Keller

Das Grab des Aberglaubens

Das Grab des Aberglaubens.

Dem Roß eine Geissel, und dem Esel einen Zaum, und dem Narren eine Ruthe auf den Rücken.
Salomon.

Erste Sammlung.

Frankfurt und Leipzig 1777,
bey J. B. Metzler.

Inhalt

der in dieser Ersten Sammlung befindlichen Stücke.

Das erste Stück: ob ein Gewitter an den Feldfrüchten in der Gegend Schaden thue, wo ein Selbstmörder auf dem gemeinen Kirchhof begraben worden. Die Einleitung zeigt den Einfluß wichtiger Begebenheiten, z. B. eines Kriegs, Erdbebens, Erscheinung eines Cometens, auf den Menschen; und erzählt einige zu den ältesten und neueren Zeiten

ten im Schwang gewesene, aber ganz abgekommene Meinungen. Die Geschichte eines Selbstmörders. Das Widerstreben der Bürger bey dessen Beerdigung. Schädliche Folgen. Die Art und Weise, einen Selbstmörder nach den Gesezen zu begraben. Fruchtbare Witterung, ohnerachtet der Selbstmörder auf den Kirchhof begraben worden. Noch eine neuere Geschichte eines Selbstmörders.

Das zweyte Stück: Von Verwünschungen. Ob man Unglück in ein Haus hineinbauen könne? Wenn Verwünschungen nicht eintreffen. Die Strafe am Bauherrn ist eine moralische Folge eines moralischen Uebels. Wenn hingegen sie eintreffen. Geschichte eines von seinem Lehrer verwünschten Jüng-

Jünglings. Deſſen glückliche Talente an Seele und Leib. Wird Soldat. Kommt ins Predigamt. Deſſen ferneres klägliches Schickſal und ſchröckliches Ende. Geſchichte des Poeten Günters.

Das dritte Stück. Von verſchiedenen Arten der Träume. Fünferley Arten ſind nichts bedeutend: 1) wenn das Gegentheil des Traumes eintreffen ſoll. 2) er ſeinen Grund in den vorhergegangenen Handlungen des Träumenden, oder 3) in deſſen Leibes Beſchaffenheit hat. Wenn man 4) ihn fälſchlich für göttlich hält, und 5) er dunkel und unzuſammenhangend iſt, wo Herr Heautontimorumenos ſeine Rolle ſpielt, der neben dem Titelblatt ſich präſentirt. Die 6) Art aber, da der Traum deut

deutlich, ordentlich und zusammenhangend ist, verdient alle Aufmerksamkeit.

Das vierte Stück: Von der Wahrsagerey aus der Coffeetasse. Ihre Art und Weise, den Coffeesaz in weissagende Figuren zu zwingen. Beyspiele hievon. Ist schädlich und daher verwerflich. Wenn überhaupt ein Wahrsager Beyfall verdiene und wenn nicht?

Das fünfte Stück: Aberglaubische Meinungen, welche in Dänemark und Norden im Schwange gehen; Nebst einem Anhang von Neuigkeiten aus dem Reiche des Aberglaubens.

Das sechste Stück: Von Ahndungen. Worin sie bestehen? theilen sich in äusserliche, die

ganz

ganz verworfen werden, und in innerliche, und diese wieder in drey Classen ein. 1) wo thörichter Weise eine jede Beängstigung für ein Zeichen eines Unglücks gehalten wird. Merkwürdiger ist 2) die Angst, die uns mitten in unsern Fröhlichkeiten bey der besten Disposition unsers Leibes und heitersten Verfassung unsers Geistes anwandelt. Die dritte Classe ist noch räzelhaft, und führet eine romanenhafte Geschichte an, welche allein durch das Ansehen der Frau von Baumont eine Stüze findet.

Das siebende Stück: Von Cometen. Erdichtete Geschichte von drey Jünglingen, welche von einem Priester von der Beschaffenheit der Cometen hinlänglich unterrichtet werden. Friedrichs Vaterlandsliebe. Carls Raub. Die Flucht des K. Stanislaus aus Danzig.

Das achte Stück: Von blauen Feuern oder Irrwischen. ihre wahre Beschaffenheit. Von lechzenden Flammen. Die Geschichte des Servius und Seburgs. Von Sternpuzen, fliegenden Drachen oder ziehenden Alp, fliegenden Funken, hüpfenden Ziegen, brennenden Balken und feurigen Kugeln. Wofür dieselben in den finstern Zeiten der Unwissenheit gehalten worden. Christians Gefangennehmung. Von dem Donnerkeil. Dessen Nichtseyn erwiesen. Carls und Christians fröliche Zusammenkunft.

Das neunte Stück: Von dem Bleygiessen der Dirnen in der Christnacht. Nebst einer vorläufigen Anzeige anderer Thorheiten, die in der Christnacht verübet werden. Die Geschichte der mannsüchtigen Philandrie.

Die

Die Art, das Bley zu giessen. Thörichte Auslegung des gegossenen Bleyes.

Das zehnde Stück: Von den Zwölfen. 1) ob von der Witterung darin auf die Witterung des folgenden Jahres zu schliessen? Wolffens philosophisches Urteil darüber. 2) ob gewisse Speisen in denselben der menschlichen Gesundheit nachtheilig seyen? Als ein Anhang ist eine Nachricht von dem <u>schandlichen Clooß</u>, welcher Aberglaube zu grossem Schaden der Kinder unterhalten, von Vernünftigen aber äusserst verabscheuet wird.

Das elfte Stück: Von dem Tod einer Person aus dreyzehn, die an Einem Tisch gegessen haben. Eine Seuche, woran unter den

Gelehrten und Ungelehrten krank ligen. Der Grund davon. Beyspiele. Der Ungrund dieses angeführten Grundes wird gezeigt, und eher noch die Zahl Sieben als fatal angegeben.

Das zwölfte Stück: Von der Todtenuhr. worin sie bestehe? Urteile darüber, welche vier Gelehrte: Brown, Forskal, Swammerdam und Lesser gegeben haben, werden angeführt, und damit die Gewichter an derselben abgehenkt.

Beschluß.

§. I.

§. I.

Der Aberglaube schreibt einer Sache eine Wirkung zu, die sie niemal hat.

§. II.

Der Aberglaube unterdrückt den Verstand, stürzt die göttliche Vorsehung vom Thron, erhebt das Ohngefähr, schadet dem Nächsten, und straft seine sinnliche Knechte mit Unruhe, Forcht und Schrecken.

§. III.

Der Aberglaube ist ausgebreiteter, als man vermuthet. Er kehrt zwar mehr in Hütten ein, und wächst am geschwindesten in einem einfältigen oder düstern Kopf; jedoch trift man ihn auch in Pallästen an. Der Herr erblaßt, wenn ihm sein Trinkglas unvermuthet zerspringt, und der Niedere bebt, wenn er die Eule auf seinem Hause schreyen hört.

§. IV.

Der Aberglaube mischt sich auch in die Religion ein. Der Pharisäer wäscht abergläubig seine Hände. Julian, der Feind des HErrn, opfert aus Aberglauben fast alles Vieh seines Reiches den Gözen, um durch der Böcke und der Kälber Blut selig

zu

zu werden. Der Aberglaube baut prächtige Tempel, verschließt tyrannisch den Menschen zwischen vier Wände, bildet ihn zum Phantasten um, daß er Erscheinungen sieht, Stimmen hört, und seine Träume für untrügliche Warheiten hält. Er richtet aus heiliger Einfalt dem Nebenmenschen einen Scheiterhaufen auf, und mordet sich an dem Regenten zuversichtlich in Himmel hinein.

§. IV.

Jedermann arbeite an der Baare des Aberglaubens. Aeltern! Lehrer! präget einen unauslöschlichen Eindruck von GOtt und der Religion den jungen Herzen ein, welche euch der Höchste anvertrauet hat, und dereinstens von euch fordern wird. Doch,

Gottlob! die Schulen nähern sich einem bessern Frühling, die Erkenntniß wird wachsen, und der stolze Aberglaube, seiner Herrschaft entsezt, sich ins Grab stürzen.

Ihr Alten! zerreisset die Fesseln, welche euch der Aberglaube angelegt hat, schlaget euch durch eingesogene altvettelische Meinungen muthvoll durch, dienet GOtt in Christo nach dem vernünftigen Gottesdienst. Treffen euch Beyspiele mehr, als trockene Lehren; hier sind sie!

Das erſte Stück.

Ob ein Gewitter an den Feldfrüchten in der Gegend Schaden thue, wo ein Selbſtmörder auf dem gemeinen Kirchhof begraben worden?

E ficu quadam fructus decerpenti Diogeni, quum horti cuſtos dixiſſet: Ex iſta arbore ante paucos dies homo quidam ſe ſuspendit. At ego, inquit, illam purgabo. Arbitrabatur ille fore, ut Diogenes admonitus abſtineret à funeſta arbore, quæ geſtaſſet cadaver. At ille liber ab omni ſuperſtitione nihilo impuriores fructus arbitrabatur.
Laërtius.

Wenn unſere Seele in gröſſe Bewegungen geſezt wird: ſo iſt der Aberglaube dasjenige,

jenige, was sich gemeiniglich am ersten einfindet. Die Furcht und das Warten der Dinge ist bey einem Menschen, der in Erstaunung gesezt wird, so groß, daß die Einbildung sehr entsetzliche Schreckenbilder siehet. Wir haben alle in uns eine geheime Neigung, das Zukünftige zu wissen, daß viele Menschen grosse Begebenheiten nicht einmal abwarten, diese Begierde zu zeigen. Allein, so bald die Natur erzittert, oder ein Comet seinen fürchterlichen Schweif durch den Lauf des Himmels strecket, oder ein Krieg sich erhebet u. dergl. so bricht der Aberglaube durch den Damm. Man trägt sich mit Wahrsagungen, man macht neue, man erzählt Träume, man sucht so gar die heilige Schrift durch, und mancher, der sie sonst nicht angesehen hat, wird nun ein Schriftforscher; ja, dieses gehet so weit, daß auch so gar öffentliche Spötter der Schrift sie nun des Lesens würdigen, und also aus eben so thörichten Gründen lesen, als sie sie vorher verachtet hatten. Ich table die Christen gar nicht, so bey wichtigen Begebenheiten Unterricht,

richt, Rath und Trost in dem göttlichen Worte suchen; Diejenigen aber table ich, die aus der heiligen Schrift den Ausgang des leztern Kriegs, der von den Türken wider die Russen geführt worden, erforschen und entscheiden wollten —.

Wer rümpfet die Nase nicht, wenn er in den Händen solcher Leute, die sonst Verstand besizen, einen elend gedruckten Bogen voll Wahrsagungen erblickt, die sie mit ernsthaftem Gesichte durchlesen, und denen sie mit der Mine eines tiefsinnigen Staatsministers nachdenken? In dem gegenwärtigen Jahrhundert sind schon oft solche wahrsagende Narrheiten unter die Leute gebracht worden. Der zwölfte Carl, König in Schweden, mußte diesen Weissagungen gemäs der Löwe aus Norden heissen. Bey dem Kriege nach des Kaiser Carls des sechsten Tode kam eine neue Brut von diesen Blättern zum Vorschein. In dem allerlezten Kriege, wo der Türkische Mond in dem lezten Viertheil war, rammelten die Weissagungen in Europa durcheinan-

der, wie die Menge der Hasen in Theredons Feldern, und zeugeten alle Monate neue. Wer nur etwas in der Geschichte der Welt und der Bücher bewandert ist, weiß, wie sehr ehmals der sonst grosse reformirte Gottesgelehrte Jurieu sich dem Gespötte seines leichtsinnigen Gegners, des Bayle, blos gestellt, da er auch den Fall der babylonischen Hure wahrsagen wollte. Viele sonst grosse Männer sind zu allen Zeiten dieser Schwachheit unterworfen gewesen; es ist daher kein Wunder, daß der vornehme und geringe Pöbel darinnen ganz thöricht ist. Die neuere unberufene Gucker finden nun, daß ihre dunst=schwangere Köpfe Winde ausgedampft haben.

Ich glaube, daß die heilige Schrift, und ins besondere Daniel und Johannes, uns noch zukünftige Begebenheiten des Reichs Christi weissagen. Die Geschichten der Kirche sind mit der Geschichte der Welt so genau verbunden, daß GOttes Wort uns göttliche Warheiten und Handlungen GOttes nicht lehren kann, ohne uns auch Geschichte zu erzählen; Allein

man

man übertreibe die Sache nicht, wie es schon oft geschehen ist. Fürnemlich wird der Hauptsaz darinnen bestettiget, der Matth. XVI. stehet, daß die Kirche GOttes nie soll unterdrükket werden; und die jezigen Begebenheiten sind allerdings in der Kette der Begebenheiten Glieder, dadurch ein Zusammenhang mit der Erhaltung der Kirche GOttes in die künftigen Tage erhalten wird. Aber die ganz besondern Umstände und Veränderungen sind nicht in der Schrift enthalten, also muß man sie auch nicht darin suchen.

Wenn ich auf die grosse Begebenheit im Naturreiche, auf das Erdbeben, zurücksehe, welches Lissabon zu Grunde gerichtet hat, welcher Aberglaube ist nicht bey dieser Gelegenheit wach worden? Portugal hat nicht nur eifriger seine Heiligen angerufen, sondern noch dazu einen neuen Schutzherrn unter den Seligen in der Geisterwelt sich gesuchet. Andere haben eben so aberglaubisch, als lieblos, Lissabon als ein zweytes Sodom ausgeschryen, und nicht bedacht,

daß

daß noch grosse Städte stehen, die, wo nicht ärger, doch eben so grosse Sünderinnen sind, als Lissabon; wenigstens sind die Städte in grösserer Verdammniß, die bey grösserer Glaubensfreyheit und hellerem Lichte der Warheit eben so leben, als die armen Lissaboner gelebt haben sollen.

So bald sich ein Comet sehen läßt, oder eine andere Lufterscheinung entstehet: so entstehen auch aberglaubische Auslegungen, die bey so aufgeklärten Zeiten billig wenigen Beyfall, und höchstens bey dem untersten Pöbel und dem alten Frauenzimmer nur noch Glauben finden sollten. — —

Ich bin zwar nicht in Abrede, daß der Aberglaube schon oft eingebüsset habe, und manches seiner Mißgeburten modere. Zu Cicerons *)
Zei-

---

*) In seinem Buch de Senectute Cap. VII. sagt er: — nec sepulcra legens, vereor, quod ajunt, ne memoriam perdam.

Zeiten glaubte der Pöbel, daß derjenige, der Grabschriften lese, sein Gedächtniß verliere. Das glaubet man nun nicht mehr. Es mußte von einer üblen Bedeutung seyn, wenn eine Schlange durchs Regenfenster ins Haus hinein gefallen; ein schwarzer Hund sich zeigte; eine Henne krähete; oder wenn man mit dem kürzesten Tag ein neues Geschäfte anfangen wollte, nach Terenzens *) Anzeige. Eben derselbe

---

*) Introiit in aedes ater alienus canis:
Anguis per impluvium decidit de tegulis;
Gallina cecinit: interdixit hariolus
Haruspex vetuit ante brumam aliquid novi
negotii incipere.
Phorm. Act. 4. Scen. 4.
Der Grund von der üblen Bedeutung einer durch das Regenfenster von den Ziegeln herunter und ins Haus hineingefallenen Schlange ist wol kein anderer, als das Seltsame dieser Begebenheit, da sich Schlangen sonst auf der Erden aufhalten, bey ihrer Menge aber, die in Italien ist, und ihrem Fürwiz, wenn ich so sagen darf, auf Nascherey besonders wol auch ins obere Haus kommen konnten. — Mit dem kürzesten Tag aber fieng sich eine neue Periode des Fatalen an.

selbe *) führet an, daß aberglaubische Aeltern ihren Kindern ein Kleinod oder andere Kostbarkeiten in die Windeln gelegt hätten, wann sie dieselben ausgesezet haben, damit, im Fall sie stürben, sie nicht gänzlich ihres Antheils von dem älterlichen Vermögen beraubet würden. Man befürchtete einen unglücklichen Erfolg, **) wenn bey einer wichtigen Unternehmung eine Sonnen- oder Mondsfinsterniß einbrach. Nach der Ovidias

---

*) — — — ut stultæ et miseræ omnes sumus
Religiosæ; cum exponendam do illi, de digito annulum
Detraho; et eum dico ut una cum puella exponeret;
Si moreretur, ne expers partis esset de nostris bonis.
Heavtontimor. Act. III. Scen. V.

**) Ad bellum profecturus *Pericles,* cum suam ipse triremem conscenderet, Solis deliquium accidit, tenebræque obortæ in prodigium magnum tractæ omnium animos consternaverunt. Ibi Pericles cum videret gubernatorem ingenti timore captum, oculis eius chlamydem prætendit, percontatusque est, an horribile aliquid effectum aut portentum eo facto putaret? neganti, at quid interest, ait, inter istas et has tenebras? nisi quod maius est id, à quo illæ sunt inductæ. *Plutarchus.*

dianischen *) Beschreibung mißräth die Ehe, welche im Monat May geknüpfet wird; welche Meinung noch heutiges Tages in Venedig statt findet, also daß man daselbst niemals in besagtem Monat sich heurathen wird; Welches ich nicht nur aus dem Munde solcher Leute gehöret, die viele Jahre sich in Venedig aufgehalten haben, sondern welches auch die Tübingische gelehrten Berichte aufs Jahr 1762. bey der Recension eines Werkgens von Tartarotti versichern. Nach bemeldter Beschreibung **) mußte die Strix, ein scheußlicher Nachtvogel, die Kinder stehlen. Von einem Vogel kam der Aberglaube auf ein Weib. In den Zeiten der Unwissenheit fieng man an, gewisse triefäugige Weibsleute solcher Dinge zu be-

---

*) Hac quoque de caussa, si te proverbia tangunt,
Mense malum Maio nubere, Vulgus ait.
   Fastor: Libr. V.

**) Nocte volat puerosque petit nutricis egentes;
Et vitiat cunis corpora rapta suis.
   Fastor. Libr. VI.

beschuldigen und zu verdammen. Wir haben daher Geseze *) von Longobarden, die dieses verbieten. Carl der grosse hat ein scharfes Verbot wider solche Beschuldigungen gegeben. Nach diesem brachte der Aberglaube ganze Heere auf, welche auf den Strassen herumirreten. Der Abt Regino meldet, in Teutschland sey die heidnische Diana diesen erdichteten Zusammenkünften vorgestanden. Hundert Jahr hernach hieß man solche Nachtgesellschaften Holda. Eine Kirchenversammlung von Trier vom Jahr 1310. verbietet auch: Nulla mulier se nocturnis horis equitare cum Diana, Dea paganorum vel cum Herodiana et innumera mulierum multitudine profiteatur. Hæc enim dæmoniaca illusio est. Diese Herodiana wird in englischen Scribenten deutlich Herodias genannt. In den französischen Geschich-

---

*) Nullus præsumat, Aldiam aut ancillam alienam, quasi Strigam, quam vulgus dicit, aut mascam occidere. Quod christianis mentibus nullatenus credendum est, nec possibile.

schichten finden wir eine Abundia als Vorsteherin dieser nächtlichen Malzeiten. Ein Ueberbleibsel von diesem ist noch izt in Venedig, da man die Kinder beredet, es komme die Redodese, und bringe ihnen gute Sachen u. d. Jedoch ich mag bey diesem verlegenen Plunder nicht länger verweilen. Gottlob, die Scheiterhaufen der Hexen sind umgestürzt. Feurige Drachen läßt man heutiges Tages kaum noch Häuser anzünden, und entsezet sie alles teufelischen Ansehens. Die Sterndeuterkunst, die Tochter der Unwissenheit und des Aberglaubens, ist in diesem aufgeklärten Jahrhundert in die äusserste Verachtung gerathen, und hat weder in Frankreich noch Engelland und sonsten einen Vertheidiger, der sich zu nennen getraute. Die strafbare Art des Aberglaubens, sich vest zu machen, und vor Hieb und Stich in Sicherheit zu sezen, oder die sogenannte Passauerkunst, die sonst zu Kriegszeiten den Betrügern viel Geld einbrachte, ist wol izt kaum mehr zu finden, sie müßte denn bey solchen Völkern noch geübt werden,

den, die von Jugend auf zu tausend abergläu=
bischen Dingen selbst in der Glaubenslehre an=
geführt werden. So viel ist gewiß, daß die
sogenannte Andreasthaler, nebst gewissen mans=
feldischen Gülden und Thalern, die der Aber=
glaube bey Kriegszeiten mit vierfacher Bezah=
lung einhandelte und aufsuchte, nunmehr völ=
lig ihr Ansehen verloren haben, und nur noch
in den Sammlungen seltener Münzen zum An=
denken des alten thörichten Gebrauchs derselben
aufbehalten werden, u. d.

Bey allem deme hat der Aberglaube noch
immer die Art der Polypen an sich. Wenn
man ihm auch ein Glied nach dem andern ab=
reisset: so entstehen andere. Die Wahrsagerey
aus der Coffeetasse, abergläubischen Künste, um
in Lotterien glücklich zu seyn, u. d. sind neue
Gliedmasen. Gewisse gescheuden Köpfe, gelehr=
te, angesehenen Leute, die gewiß nicht zu dem
Groteskentheil des menschlichen Geschlechts ge=
hören, stranden und ihre Weißheit scheitert,
wenn sie die Todtenuhr hören, oder mit drey=
zehn

zehn Personen an einem Tische sizen sollen. Was kann man hernach von kleinen Geistern erwarten?

Wer wird mir nun verargen, wenn ich mich ernstlich bemühe, dem Aberglauben auf den Kopf zu tretten? Ich rechne hiebey auf den Beyfall vernünftiger Leute. Die Frankfurtische Gel. Anzeigen *) machen mir Hofnung dazu, wenn sie sagen: „Wir zweifeln nicht im geringsten an dem Beyfall, den Vernünftige dieser Schrift schenken werden.„ Solche Ausdrücke liest man gerne. Was ligt aber einem Verfasser, dessen Name von einer dicken Wolke gedrückt und verborgen gehalten wird, für sich an dem Beyfall, den man seinem Geschäfte beylegt? doch freuet er sich, wenn man seine Absichten durch eine offentliche Beystimmung begünstiget, weil eben dadurch in diesem Fall die

*) Bey der Recension der beyden ersten Bogen. Nro XCVI. 1775.

Pfeiler wackelnd gemacht werden, worauf sich der Aberglaube festgesezt hat —.

Ich messe mich niemals mit dem sel. D. Crusius *), und wage mich nie auf die Zinne, von welcher herunter er wider den Aberglauben geredet und geschrieben hat; Er schrieb für Gelehrte und blieb im theologischen Fache: Doch möchte ich auch nicht gerne an dem schäbichten Zeug Antheil nehmen, welchen die gestriegelte Rokkenphilosophie oder Prätorius in seinem abentheurlichen Glückstopf u. d. vorträgt. Meine

---

*) Er gab Dissertationen heraus, welche von Herrn M. Pezold aus dem Lateinischen übersezt worden, unter der Aufschrift: Herrn D. Christian August Crusii, Theol. Prof. prim. &c. gründliche Belehrung vom Aberglauben zur Aufklärung des Unterschiedes zwischen Religion und Aberglauben. Leipzig 1767. Deßgleichen, eine Abhandlung von den Ueberbleibseln des Heidenthums in den Meinungen vom Tode. Leipzig 1765. nebst einem dreyfachen Anhang.

ne Abſicht werde ich bey dem Beſchluſſe dieſer erſten Sammlung umſtändlicher ſagen.

In dieſer zweiten Auflage ſind mehrere Beyſpiele zu beſſerer Erläuterung angebracht. Auch war eine andere Abtheilung nöthig, da dieſe Auflage nicht mehr Bogenweiſe ans Licht tritt — —

Der Vater des Lichts lege auf dieſe geringe Arbeit Licht und Segen, damit ſie bey finſtern Herzen Eingang finde, und ihre heilſame Abſichten erreiche!

* * *

Die entſezliche Tragödie, welche der Aberglaube vor etlichen Jahren auf einer benachbarten Schaubühne mit vielen hundert Perſonen etliche Tage hintereinander geſpielt hat, ſezte mich in eine nicht geringe Betrübniß. Wie? dachte ich, ſoll der Aberglaube in einem Lande, wo

wo' die gereinigte Religion blühet, so vortreflich blühet; wo täglich der Finsterniß Hohn gesprochen wird, und das Licht der Warheit so helle leuchtet, soll er da noch mit einer tyrannischen Gewalt herrschen, und beynahe alle Vernunft niedertrümmern? GOTT, welch ein Greuel! Von Stund an gab ich auf seine fernere feindliche Bewegungen Achtung, und nahm zu meinem Erstaunen wahr, daß die Herrschaft des Aberglaubens von einem unbegreiflich grossen Umfang sey, und weit reissender sich zeige, als die Hyäne, die einen Theil Frankreichs verwüstete. Menschen-Macht ist gering in dem Kriege wider den Aberglauben. Göttlicher Einfluß ist nöthig, wenn die Schuppen der Unwissenheit vom Verstande fallen, und die Herzen zum Vortheil der Warheit gewonnen werden sollen. Es ist sehr zu wünschen und GOTT zu bitten, daß (nach obiger Vignette) der Aberglaube für der hellen Fackel der Warheit beschämt zurücktretten, und sich in seine vorige Finsternisse verkriechen müsse! Wie tiefe Wurzeln die alberne Meinung,

nung, daß ein Ungewitter Schaden anrichte, wo ein Selbstmörder auf den Kirchhof begraben wird, bey dem gemeinen Volk geschlagen hat, will ich in diesem ersten Stück durch die Erzählung einer warhaften Geschichte beweisen:

Friedlieb Schwach, ein Mann von etlich und vierzig Jahren, erhenkt sich in einem dicken Wald an einem Buchbaum. Der Strick ist eine birkene Weyde, die er in der Frühdämmerung erst mühsam in dem Wald aufsuchen mußte, bis er sie fand. Seine geschäftigen Hände, die von der Stunde der Mitternacht an noch ein Gebetbuch hielten, winden nun mit dem Anbruch des Tages emsig die Weyde, und machen sie beugsam und geschickt, den dürren Halß in engere Kreise zu zwingen und die Luftstrasse zu verstecken. Schwach kriecht den Baum hinauf zwölf Fusse hoch, macht seinen birkenen Strick an einem starken Ast und an seinem Halse fest, seufzet — und — stürzt sich nieder, der unglückliche. Sein Lebenswandel war nach

B dem

dem Zeugniß aller seiner Mitbürger gut, er übte keine Ungerechtigkeiten aus, ob ihn gleich sein Temperament zur Habsucht neigte. Sein aus etwa zehntausend Gülden bestehendes Vermögen machte ihn zu fernerem Gewinn zimmlich gleichgültig. Sein tiefsinniger Gang, der starre Stand seiner Augen und seine Liebe zur Einsamkeit zeugten genug davon, daß die Melancholie seiner mächtig worden sey. Er taumelte lange in dem Irrlicht seiner Sinnen herum, und glaubte seinen unglücklichen Zustand nicht besser endigen zu können, als wenn er sich selbsten das Leben nähme. — Kaum trug das Gerüchte diesen schröcklichen Zufall in den nahe anligenden Weiler und Stadt, als die Bürger sogleich Wache hielten, und Anstalten machten, diesem Unglücklichen das Begräbniß auf ihrem Kirchhof zu verwehren. Man machte ihnen nicht nur die weise Verordnung der Hohen Landesregierung zu rechter Zeit bekannt, sondern man fügte ihr auch bey ihrer Bekanntmachung die bündigste Vorstellungen mündlich bey, und unterließ

terließ nichts, den Aberglauben in seiner schändlichen Blöſſe darzuſtellen. Allein die Gährung
wurde immer gröſſer, und obgleich eine benachbarte Bürgerſchaft in voller Rüſtung aufmar-
ſchirte, um mit Gewalt zu bewerkſtelligen, was
vernünftige Worte nicht vermochten: ſo mußte ſie doch unverrichter Dingen wieder abzie-
hen, ſo, daß der Fürſt genöthiget wurde, Hu-
ſaren zu ſchicken, welche doch auch nicht eher
ihre Abſichten erreichen konnten, als bis dieſe
Schnurbärte ihre Säbel blizen lieſſen. —

Ich will noch einer neueren Geſchichte, die
ſich in dieſem laufenden Jahre 1776. zu Graiz
im Vogtlande zugetragen hat, Meldung thun.
Die Nachrichten zum Nuzen und Vergnügen
führen ſie Nro. 73. an. Daſelbſt erhenkte ſich
der jüngſte Sohn eines Kaufmanns, der das
hizige Fieber hatte. Der Vater bat den regie-
renden Grafen, ihm zu erlauben, daß er ſeinen Sohn ehrlich begraben laſſen dörfte. Dieß
wurde ihm erlaubt. Während der Zeit aber als
man

man Anstalt zur Beerdigung machte, vereinigten sich die Bürger, solches zu verwehren. Da man die Leiche auf den Kirchhof brachte: brachen sie herfür, verjagten die Träger, und sezten die Leiche auf die Seite. Der Graf schickte seine Schloßsoldaten ab, dem Unfug zu steuren; aber einige schlugen sich selbst zu den Bürgern, und die übrigen wurden zurückgetrieben. Unter dem Lermen kamen vier schwarz gemachten Männer und trugen den Körper unter den Galgen. Der Regent ließ hierauf einige Bürger und die Soldaten, welche sich zu denselben geschlagen hatten, auf die Wache sezen. Nun entstand ein völliger Aufruhr, und die Bürger wollten ihre Kameraden loß haben. Der Graf schickte reitende Boten nach Schleiz, Ebersdorf, Lobenstein, Rudolstadt um Hülfe und verlangte Soldaten und Landmiliz. Diese rückten den 18. Aug. in Graiz ein 600. Mann stark. Es sollen sich aber auch die Bauren zu den Bürgern geschlagen haben. — Der Ausgang dieses Trauerspiels ist der Zeit noch unbekannt.

Ich

Ich weiß den Ursprung dieses tollen Aberglaubens, als schlüge das Ungewitter in derjenigen Gegend die Früchten nieder, wo einer, der sich selbst entleibt hat, auf dem gemeinen Kirchhof begraben worden ist, nirgend anderst herzuleiten, als aus jenen finstern Zeiten, wo man den geweyheten Boden eines Kirchhofes für ein Heiligthum hielt, welcher daher durch keinen verworfenen Leichnam durfte entheiliget werden, sollte anders GOtt nicht zur Rache wider die Uebertretter aufgefordert, und ihnen ebenfals an der Erde und ihrem Gewächse Schade zugefügt werden.

Es ist den vorligenden Gesezen gemäß, daß Leute, welche in Zeiten ihres Lebens einen gottlosen, ärgerlichen Wandel geführt, und offenbar aus Verzweiflung an sich selbst Hand angelegt haben, nicht auf den Kirchhof, sondern unter das Hochgericht oder nach Beschaffenheit der Umstände an einen einsamen, unwegsamen Ort begraben werden. Warum wollte man dahero

hero einem Menſchen eine Ecke in dem gemeinen Kirchhof verſagen, deſſen Verſtand zu ſchwach war, als daß er den Nebel der traurigſten Vorſtellungen hätte zerſtreuen, und ſich aus dem Gewirre, worinnen er war, loß machen können? Weg mit liebloſen Urtheilen und Thathandlungen! Er ſteht und fällt ſeinem Herrn. Möchten doch nur die Menſchen die Schuld an ihnen ſelbſt ſuchen, warum der Höchſte ſeine Gerichte über ſie gehen läßt wenn Er ihre Felder verwüſtet! Möchten ſie nur eine genauere Aufmerkſamkeit auf die Fälle wenden, welche GOTT in dem Reiche der Natur vornimmt: ſo würden ſie zu ihrer Beſchämung wahrnehmen, daß durch alle die Jahre hindurch, ſeit deme jener, der ſich ſelbſt entleibt hat, auf ihrem Kirchhofe begraben ligt, die Fruchtfelder keinen Schaden von Gewittern erlitten, ſondern vielmehr unter dem göttlichen Segen meiſtens reichlich Früchten getragen haben.

Das zweyte Stück.

Von Verwünschungen.

Elisa wandte sich um, und da er die Knaben sahe: fluchte er ihnen im Namen des HErrn. Da kamen zween Bären aus dem Walde, und zerrissen der Kinder zwey und vierzig.

>Aus dem zweyten Buch von den Königen.

Man beschuldiget die Zimmerleute und Maurer, daß sie, wenn sie bey dem Bau einer Wohnung verdrüßlich gemacht wären, oder nicht recht bezalt würden, durch gewisse Worte auf ein solches Haus das Unglück legen, und es mit hinein bauen könnten. Auch will man bey der Nieder-
reis-

reissung der Mauer eines Hauses einen Teller, darauf Würfel lagen, und eine hölzerne Hand dabey, gefunden, und so gar angemerkt haben, daß von Kindern und Kindeskindern desjenigen, der das Haus erbauet hat, ihr väterliches Erbe zerstreut worden seye. — Wie nun? hat uns die göttliche Vorsehung in einen so unsichern Stand gesezt, daß unser Geschick von dem Willen eines Feindes abhängt? Wir müssen die heilige Schrift zu rathe ziehen: so werden wir durch Hülfe dieses höhern Lichtes hinter die rechte Beschaffenheit der ganzen Sache kommen, und was an Verwünschungen sey oder nicht sey, ganz deutlich einsehen lernen. Diese *) sagt uns: der unverdiente Fluch trift nicht, sondern er fliegt, wie ein Sperling und Schwalbe über uns weg. Dieser Hauptsaz macht uns begreiflich, daß weder die Verwünschung eines aberglaubischen Thoren, noch die Worte des Bösewichts einigen Einfluß auf unsere Tage und
Schick-

---

*) Sprüchw. Salom. XXVI, 2.

Schicksale haben können. Ich will das widrige Schicksal zugeben, welches einige Nachkommen von dem ersten Einwohner des verwünschten Hauses betroffen hat; Aber das ist ein verwünschter Aberglaube, daß eine solche Wirkung dem eingemauerten Teller, Würfeln und hölzernen Hand, und nicht vielmehr dem verdienten Fluch zugeschrieben wird. Der weise Sittenlehrer *) sagt: Des Vaters Segen bauet den Kindern Häuser, aber der Mutter Fluch reisset sie nieder. Noch mehr werde ich in der Meinung bestärkt, da die heilige Schrift auch lediglich den Seufzern eine solche entsezliche Kraft zuschreibt, daß sie ein Land, eine Stadt, ein Hauß und ein Geschlecht unglücklich machen können. Denn spricht nicht GOtt **)? Weil denn die Armen seufzen, will ich auf seyn; und warnet uns ein andermal, daß wir nicht wider-

---

*) Sir. III, 11.
**) Psalm. XII, 6.

widereinander seufzen sollen. Wenn man also einen grossen Bau anfängt, oder sonst eine wichtige Sache unternimmt: so muß man sich für einer niederträchtigen Sparsamkeit, oder Härtigkeit, Bedrückung und Ungerechtigkeit hüten, die vielleicht dem armen Arbeitsmann Gelegenheit geben könnten, ein solches Haus mit Fluch belegen zu können. Die Thränen der Wittwen, und die Klagen der Waysen haben vor andern eine verwüstende Kraft. Sie steigen und schreyen zum Himmel, und rufen von dem, dem die Rache ist, und der allein ein Vergelter ist, den Fluch herab. Der Fluch GOttes gleicht einem heimlichen Gift, welches die Kräften nach und nach verzehret und den gewissen Untergang nach sich ziehet.

Ich will von einem verwünschten Jünglinge ein erschröckliches Beyspiel anführen, welches ich mich erinnere, im Glückseligen gelesen zu haben, um nicht nur zu beweisen, daß nicht alle Verwünschungen Aberglaube seyen, sondern

dern alle jugendliche Leser dieser Bogen zu ermuntern, diese Begebenheit sich recht lebhaft einzudrücken. Wir sehen oft, heißt es, daß es einem Menschen, troz aller seiner Bemühung, übel geht, es will nirgend recht mit ihme fort, und es ist eine unsichtbare Macht immer beschäftiget, ihm überall im Wege zu seyn. Ich habe selbst einen solchen Menschen gekannt. Wir studirten zusammen in Halle, wir wohnten in Einem Hause, und standen folglich in einem sehr genauen Umgang. Er erzählte mir oft mit Lachen, daß einsmals ein alter Graubart unglücksvolle Worte über ihn ausgesprochen, und ihn dem Unglück dadurch gleichsam übergeben habe. Er war ein Beflissener der Gottesgelahrtheit, und es fehlte ihm weder an Fleiß noch an Geschicklichkeit; Er hatte überdiß einiges Vermögen; und fürnehmlich war seine Person ungemein ansehnlich und schön. Es konnte ihm bey diesen Umständen an keiner Beförderung fehlen, zumal da sein Vater ein ansehnliches Amt bekleidete, und vermöge seiner Tugenden seinen Erben nebst einem guten Exempel auch viele Freunde hinterlassen hatte.

Kurz vor Endigung seiner Academischen Jahre gerieth mein Bekannter in Händel, die er durch den Trunk sich selbst zugezogen hatte, und er verhielt sich in denselben so unverantwortlich, daß er einer harten Strafe und des Verlusts aller Hofnung zur Beförderung gewiß war. Er gieng also unter die Soldaten. Kaum hatte ich diß gehört: so fielen mir die Worte ein, die der alte Graubart über ihn gesprochen hatte. Ich dachte: sollte es doch wahr seyn, daß man verwünschen könnte! Mein Bekannter machte sich nach einigen Jahren los. Er hatte sehr vortrefliche und mächtige Gönner, und erhielt einen ausnehmend guten Dienst. Er berichtete mich davon, und ich fieng an, alles, was ihm begegnet war, den gemeinen Zufällen des menschlichen Lebens zuzuschreiben. Ich dachte dieses um so mehr, da mein Bekannter selbst in seinem Schreiben über die

Frucht-

Fruchtlosigkeit der Verwünschungen des alten Graubarts lachte, und mir meldete, daß er künftigen Sonntag seine Probepredigt ablegen würde. Da ich seiner Geschicklichkeit gewiß war, und er nicht nur ansehnlich war, sondern auch eine vortrefliche Aussprache hatte: so war nichts einzuwenden. Allein 14 Tag nachher meldete er mir mit der äusserten Bestürzung und zu meinem grossen Schrecken, daß er nach gehaltener und ganz glücklich abgelegter Predigt, als er von dem Superintendenten der Gemeine vorgestellt worden, mit einmal die Jammerkrankheit bekommen; und da er, als ein sehr starker Mann, sehr heftige Bewegungen dabey gemacht, so sey die ganze Gemeine und sein Beförderer so abgeschreckt worden, daß er nicht nur um diese schöne Stelle gekommen, sondern auch alle Hofnung zu künftiger Beförderung gänzlich aufgeben müsse, weil das Gerüchte von diesem entsezlichen Zufall sich bald überall ausbreiten, und ihn allenthalben hin verfolgen würde. Ich kann nicht sagen, wie mir

bey dieser Nachricht zu Muth war, und das
Entsezliche der Verwünschungen stellete sich mir
aufs neue mit aller Macht so lebhaft dar, daß
ich in eine ausnehmende Unruhe gerieth. Eben
dieser, in der That Unglückselige, nahm kurz
darauf ein solches erschreckliches Ende mitten in
Ausübung ehebrecherischer Unzucht, daß mein
Erstaunen bis aufs äusserste stieg, indem ich
unläugbar sahe, daß die entsezliche Wirkung
der Verwünschungen des Graubarts ihn bis
ans Ende verfolgte. — Die von mir angeführte Begebenheit eines Bekannten ist wirklich
so geschehen, wie ich sie hier gemeldet habe,
und ich habe mich verpflichtet erachtet, dieselbe
bekannter zu machen, damit der Zweck und
göttliche Absicht bey derselben möge erreicht,
und die Jugend gewarnet werden, ihre Vorgesezte nicht zu reizen. Dieser Unglückliche ver-
gieng sich als Schüler auf die boshafteste Art
an seinem Rector, und nach vielen vergeblichen
Warnungen erbitterte er diesen ehrwürdigen
Greis endlich auf solche Art, daß er im pro-
phetis

phetischen Geist ausrief: Du gottloser ehrvergessener Bube, der Fluch wird dich treffen. Er wird dich begleiten auf allen deinen Tritten, es wird dir nimmermehr wohl gehen, und du wirst zum Exempel aller bösen Buben ein entsezliches Ende nehmen.

Wenn wir alle geheime Nachrichten von dem Leben solcher Personen wüßten, die ein entsezliches Ende, oder ein Ende mit Schrecken genommen haben; so würde es uns begreiflicher werden, warum es mit manchem Menschen, dem es weder an Einsicht, noch Fleiß, noch Geschicklichkeit fehlet, nirgends fort will. Vielleicht war er ein verwünschter Mensch. Aber wie sollten auch Eltern und Vorgesezte, ins besondere Schullehrer ungemein schwer an solche Verfluchungen gehen! — —

Ich muß noch die Geschichte des Schlesischen Dichters, Günters, anführen. Er verhelte selbst nicht, daß ihn sein Vater verflucht hatte; und ein anderer Beschreiber des Lebens

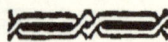

dieses Unglücklichen meldet uns sogar den Ausdruck des Vaters, da er ihn mit diesen Worten von sich gewiesen: Vale, bestia atheistica! und als der in Zorn gejagte Sohn antwortete: vale, bestia superstitiosa, wiederholte der Vater seine Verwünschungen. Und obgleich der Sohn nachher mit den beweglichsten Bitten, und selbst mit den Worten des verlohrnen Sohnes: Vater! ich habe gesündiget im Himmel und vor dir — um nichts mehr als um die Versöhnung und Aufhebung des Fluchs bat: so ließ ihn der harte Vater nicht einmal über die Thürschwelle treten. Diese entsezliche Härte brachte den Sohn endlich so ganz aus aller Fassung, daß, da er keine Gnade hoffen konnte, er sich endlich allen seinen Unordnungen überließ, und in Jena in der besten Blüte seiner Jahre ein klägliches Ende nahm. Ich habe die Entschuldigungen seines Vaters gelesen; allein sind sie wohl hinlänglich? Sie werden gewiß keinen Leser vergnügen, so wenig als mich. Da beyde schon längstens in der Ewigkeit sind,

so

so wollen wir sie nicht beurtheilen, sie zu verdammen; allein diese Begebenheit solle billig von uns so gut genüzt werden, als es möglich ist.

Nachrichten aus dem Reiche des Aberglaubens.

Vom Bannen.

Drey muntere Studenten auf der hohen Schule zu T. belustigten sich vor vielen Jahren in erlaubten Freystunden daselbst in einem Gasthofe, welcher neben dem guten Wein wegen seinen saftigen Würsten berühmt war. Sie saßen und speculirten als junge Philosophen. Dazumalen waren die Monaden die Puppen, womit die Philosophen tändelten. In dem geistreichen Wein sahen sie Monades dominantes, in den Würsten aber die servientes. — Als sie in vollem Disputiren waren, trat der Wirth in das Cabinet ein, wo sie saßen, und unterbrach sie mit der ungewöhnlichen Nachricht, daß aussen ein Mann size, der mehr könne, als Brod essen, und die Kunst wisse zu bannen. Jeder eilte, um den Mann zu sehen. Es war der Schäfer, welcher die Heerde hütete, die der Wirth auf der Alp lauffen hatte; dißmalen aber gekommen war, um von seiner Hut Rechenschaft zu geben. Fürwizig nach Art der Jünglinge, machten sie allerley Fragen an ihn von dem sogenannten Bannen und andern Künsten, wo weder ein Leibniz noch ein Wolff ihnen vorgepflüget hatte, so, daß endlich Einem unter ihnen die Lust ankam, sich durch den Schäfer bannen und hinstellen zu lassen, um an sich inne zu werden, wie es einem Gebanneten zu Muth sey. Gut! ich wills thun, erklärte sich der Schäfer, nur gehe der Herr hin, und entwende mir Eines meiner Schaafe: so solle Er erfahren, wie weit Er kommen werde —

Wir kennen die Kräften der finstern Macht nicht, gleichwol hat sie ohnstreitig ihre Schranken,

ken, daß sie demjenigen nichts anhaben kann, der ausser ihrem Gebiete ist, und nicht auf bö, sen Diebswegen wandelt; wie denn auch die h. Schrift einem jeglichen einen sichern Geleits, brief gibt, der in dem Gleis der Tugend wan= delt, wenn sie fragweise desto nachdrücklicher sagt: wer ist, der euch schaden könne, so ihr dem Guten nachkommet?

Ob der Wein selbiges Jahres mißrathe, wenn es an dem Urbans=Tag regnet?

Nieße, ein vernünftiger und zugleich bemit, telter Weingärtner in M. stellte allerley Wetter, beobachtungen an, um mit der Zeit inne zu wer, den, welche Witterung dem Weinbau schädlich oder vorträglich wäre, und richtete dabey vor, nehmlich auch sein Augenmerk auf die Witte, rung am Urbans=Tag; denn der h. Urban war auch Nießens Abgott. Es war eine ein, gepflanzte Hochachtung, welche er vor diesen Tag

Tag hatte, wenn es daran schön war, und glaubte schon dem reichsten Herbst entgegen zu gehen; desto trauriger sahe es auch in seinem Gemüthe aus, wenn es an demselben regnete. Doch seit deme ihn diese lächerliche Meinung über 30 Thaler zu stehen gekommen ist: hat er seine Meinung geändert, und läßt nun den h. Urban nach seinem Gutdünken regnen oder schön Wetter machen, ohne darüber sein Herz aus der zufriedenen Stellung bringen zu lassen. Die Sache verhielt sich so: Er mußte mit andern an dem Urbans-Tag in dem Wassergraben bey der Stadtmühle Frondienste thun. Bey Frondiensten versagt man sich eine kleine Laune nicht. Sie plauderten miteinander unter andern auch von dem Wetter, und stellten die Gefahr für die Weinberge einander vor, wenn es an dem Urbans-Tage regnen würde.

Gegen

Gegen Mittag überzog sich der Himmel, und es regnete unaufhörlich. Niessens Tochter kam, und brachte ihm die Nachricht, daß ein Fuhrmann da wäre, der die 10 Aymer Wein in einem billigen Preis gegen baare Bezahlung kaufen wollte. Niesse stuzte; doch ingedenk dessen, was sie eben mit einander von der gefährlichen Lage der Weinberge geredet hatten, entschließt er sich, keinen Wein zu verkaufen. Allein es gab selbiges Jahr viel und guten Wein, und Niesse verspielte an seinem zurückbehaltenen Wein über 30 Thaler.

* * *

Im April 1776. versicherte ein Wizling, der gerne Prophet ist, und von dem Auffüllen des Weins in der Christnacht auf die Beschaffenheit des nächsten Herbstes untrüglich schließt, daß

daß in diesem Jahre besonders die Berge reichlich Wein geben, und der Wein besser werden würde, als der ferndige. Beydes ist nicht wahr, und bey uns haben fürnehmlich die Berge in dem mittleren Theil die wenigste Trauben getragen. Mithin wird dieser Prophet ausser unserm Bezirk sein Glück zu suchen angewiesen.

Das dritte Stück.

Von den verschiedenen Arten der Träume, wobey genau bestimmt wird, welche Träume etwas- und welche nichtsbedeutend seyen?

Somnia, terrores magicos, miracula, sagas,
Nocturnos lemures, portentaque Thessala rides.
Horatius.

Schlaf und Träume sind unerkannte Wohlthaten Gottes. Jener wird dem matten Leib für Stüze, und strömt ihm neue Kraft zu; diese stellen unsere geheime Neigungen im Schattenriß vor, und entdecken uns die Anlage unsers Herzens. Der Aberglaube hat die Träume ſich eigen gemacht, und herrſchet durch ſie über den Menſchen unumſchränkt. Mir hat geträumet! Mir hat geträumet! es bedeutet — halt inne ſchwermende Gertrudis! es bedeutet, daß dein Geſchwätz ein Getöſe von leeren Tönen werden will, und du nicht werth ſeyeſt, ferner unter den Menſchen geduldet zu werden. Träumender! wirf das Joch des Aberglaubens ab, und halte dich an mich; ich will freymüthig den wahren Werth der Träume itzo beſtimmen.

Träume ſind Vorſtellungen in der Seele, wenn der Leib ſchläft. Sind wir uns dieſer Vorſtellungen beym Erwachen nicht bewußt: ſo nennen wir den Traum dunkel, welches gemeiniglich ſtatt findet, wenn wir aus dem erſten, tiefen Schlaf kommen. Sind wir aber uns ihrer umſtändlich bewußt: ſo iſt es das Gegentheil. Die Seele iſt ein ungemein geſchäfftiges Weſen; wenn jedermann des Nachts der Ruhe pflegt: ſo thut doch ſie es nicht, und denkes ket im Traum an dem Faden fort, den sie den Tag über angesponnen hat. Sie denket um so freyer, als die äusserlichen Sinne im Schlaf ihr keine neue Gegenstände fürhalten, und ihr auf keinerley Weise Schranken setzen. Nun ist es eine unläugbare Wahrheit, daß die Seele träumt. Die Träume nimmt sie entweder aus ihrem eigenen Vorrath her, oder sie werden auch von aussen in sie hineingebracht. So hat GOTT in seinen Freunden und Feinden schon Träume erregt. Einige Träume bedeuten etwas, andere nichts. Alle Träume als nichtsbedeutend verwerfen, ist Vermessenheit. Alle Träume als bedeutend annehmen, ist ein Stück des Aberglaubens. Nothwendig muß ich itzo ein Traumdeuter werden. Aber Gott bewahre mich vor dem unsichern Pfad der Traumbücher und dem hirnlosen Gewäsche der alten Mütterchen, daß ich nicht wachend träume! ich will nach dem Stil jenes stolzen Concils reden, und schlechterdings verdammen.

Erstlich verdamme ich diejenige Art, die Bedeutung der Träume zu bestimmen, nach welcher gerade das Gegentheil von dem, das uns geträumt hat, in die Erfüllung gehen solle. Zu welcher Art von Traumdeuterey die Liebhaber der Träume so lange ihre Zuflucht nehmen, bis ein Traum kommt, der nicht verneinend erklärt werden kann, weil er wirklich dem klaren Inhalt nach eingetroffen ist. Wenn man träumend eine Hochzeit in seiner Familie gesehen hat: so solle dis einen Todesfall darinnen andeuten. Hat man eine Person im Traum sterben gesehen, so bedeutet es ihr langes Leben u. d. Owenus drückt es als ein Paradoxon bey Träumen in seinem dritten Buch so aus:

Quæ mala sunt, bona sunt; mala, quæ bona
somnia; quare
Gaudeo, si mala sunt; si bona sunt, doleo.

Das heißt recht, ohne Noth von der ersten Bedeutung des Wortes abweichen. Unsere Seele wollte uns auf reizende Gefilde führen, und eine

eine liebliche Vorstellung von hochzeitlichen Freuden im Schlaf uns gönnen; und nun solle sie sich auſſer dem Traum widersprechen, und traurige Hügel von Gräbern gemeint haben, das iſt undankbar. Dieſe Art, die Träume zu deuten, hat endlich noch dieſes Verdienſt, daß sie einer gewiſſen neuern Art, die heil. Schrift zu erklären, am nächſten kommt. Sie wird nach Urtheil und Recht ohne alle Gnade als raſend verworfen und verdammt.

Zweytens verdamme ich als nichtsbedeutend in die Zukunft hinein diejenige Träume, welche in unſern vorhergegangenen Gedanken und Handlungen ihren Grund haben, und uns die Dinge, welche wir den Tag hindurch gehört, geſehen, oder uns ſonſt damit beſchäfftiget, wieder vorſtellen. Der Hungrige ſieht im Traum ein Stück Brod, und wachend hat er es nicht. Der Geizige greift träumend nach einem Geldſack, ſtatt deſſen hat er den Zipfel ſeines Bettes feſt gefaßt, und bekommt dadurch

in die Zukunft hinein nicht einen Pfenning wei=
ter — Jedoch haben diese Träume eine sichere
Bedeutung, welche man wohl nutzen soll. Sie
sind ein Gemälde unsers Herzens, und entdek=
ken uns oft die liebste Schoosneigung. Sie be=
deuten eine böse Anlage unsers Herzens, wenn
wir oft eine lasterhafte Beschäfftigung im Traum
vornehmen; so auch das Gegentheil, wenn wir
mit Vergnügen unsere Pflichten vollziehen, und
Tugenden ausüben. Wer im Traum Nothlei=
denden zu Hülfe eilt, dem Armen seine Hände
öffnet, die Gaben anderer erkennt und schätzet;
wer ein Verlangen nach jenen seligen Gegenden
hat, oder sich gar mit dem höchsten Wesen be=
schäfftiget: der hat beym Erwachen eine reine
Quelle des Vergnügens. Freund! ich räume
dir einige Minuten alle Morgen gerne ein, um
deinen Traum nach diesem Plan zu deuten und
zu nutzen — Aber noch etwas! Erhalte deine
Affecten den Tag über in wagrechtem Stande,
und erhitze deine Phantasie nicht zu sehr, da=
mit die Handlungen im Traum nicht allzuleb=
haft

haft ausfallen. Ich will eine Geschichte aus Herveys Betrachtungen über die Nacht entlehnen, um meiner Erinnerung ein Gewicht zu geben. Er sagt S. 191. so: „der Leser wird mir erlauben, daß ich eine kurze Geschichte hieher setze, von deren Wahrheit ich gewiß überzeuget bin. Zween Freunde, die des Tags auf der Jagd miteinander gewesen waren, schliefen die darauf folgende Nacht zusammen. Einer von ihnen erneuerte die Jagd in seinem Traum, und kam in dieser träumenden Jagd endlich bis zum Falle des Hirsches, den er verfolgte. Hierauf rief er mit einem entschlossenen Eifer aus: Ich will ihm den Rest geben, ich will ihm den Rest geben; und sogleich griff er nach seinem Messer, welches er in der Tasche hatte. Sein Camerade, der eben wachte, und bemerkte, was vorgieng, sprang aus dem Bette, und da er ausser Gefahr war: so stellte er sich hin, den Ausgang abzusehen; denn der Mond erleuchtete das Zimmer, da denn zu seinem unaussprechlichen Erstaunen der bethöri-

Jäger verschiedene tödtliche Stiche an eben den Ort that, wo noch vor einem Augenblick der Hals und das Leben seines Freundes gelegen hatte. Ich erwehne dieses als einen Beweis, daß uns nichts hindert, mitten unter den unsinnigen Einfällen des Schlafs, andere umzubringen, oder auch selbst unsere eigene Mörder zu werden, als blos die bewahrende Sorgfalt unsers himmlischen Vaters."

Drittens verwerfe ich als nichtsbedeutend auch diejenige Träume, welche von der Beschaffenheit des Leibes herrühren. Der Sanguineus wird von der Wollust auf entzückende Auen geführt, und der Melancholicus baut sich im Traum Todtengerüste. Anderst träumt der Gesunde, anderst der Kranke. Wie die Träume die Beschaffenheit des Gemüths anzeigen: so entdecken sie auch die Beschaffenheit des Körpers. Und in dieser Absicht sind sie ungemein betrachtungswürdig, und mit dieser Art Träumen beschäftiget sich hauptsächlich der naturfor-
schende

schende Arzt. Diese Träume sind bedenklich und wahrsagend, und sagen zum öftern Tod und Leben vorher. Wenn das Geblüt schwer und dicke ist, wenn es stockt, wenn viel böses im Körper ist: so erfolgen oft schwere und fürchterliche Träume, solche schwere Träume, die den Schlaf zu einer ermüdenden Arbeit machen. Ein geschickter Arzt weiß, wie er mit einem Menschen umgehen soll, dem da immer träumt, als ob er schwebete, oder fiele, oder in tiefes Wasser geriethe —

Viertens verwerfe ich als nichtsbedeutend die meisten Träume, welche in der Censur kurzsichtiger Menschen für göttliche gehalten werden. Eusebie verlor ihren Gemal, der sie zärtlich liebte, und sie überdis, da er in königlichen Diensten war, in einen tüchtigen Rang erhob. Eusebie stand der Wittwenstand nicht lange an. Sie war eines wackern Mannes werth. Der Reiz ihrer Person, ihre Liebe zur Tugend, eine ihrem Geschlecht ungewöhnliche

Neigung zur Verschwiegenheit, ihr Vermögen, ihr Sitz und andere Vorzüge sollten ihr hundert Liebhaber erweckt haben; allein sie schien vergessen zu seyn. Die Fesseln ihres Wittwenstandes wurden ihr täglich beschwerlicher. Gleichwohl wußte sie kein anders Mittel ausfindig zu machen, solche abzuwerfen, als wenn sie sich entschliessen würde, den Rang ausser Acht zu lassen, und, wie man sagt, ausser Stand zu heurathen. Blanda, eine Hausprophetin, belauschte sie, und erhielt auch den Schlüssel des Geheimnisses. Sie wußte den Hang der Eusebie zum Ehestand, der nähere Aufschluß fehlte ihr noch, doch war sie Prophetin. Es ist eine wichtige Sache, sprach sie zu ihr, um den Ehestand. Bey wichtigen Sachen muß man Gott fragen; ich will beten, und was mir Gott offenbaren wird, das will ich ihnen kund thun, und dem folgen sie. Blanda sahe schon in der ersten Nacht im Traum das Bildnis des Mannes, der die Eusebie glücklich machen sollte. Hatte Blanda diese Erscheinung ihrer glückli-

chen

chen Einbildungskraft zu danken, oder kam ihr der Aufschluß anderwärts her, das weiß ich nicht. Wer war zufriedener als Blanda, und mit ihr Eusebie! die Unruhe verschwand, die Ungleichheit des Standes wurde nimmer geachtet, das Gesicht heiterte sich auf, und Eusebie gab Hand und Herz auf Conto des göttlichen Traums hin. Ich muß kürzlich die wahren Merkmale von göttlichen Träumen geben: Dasjenige, was GOTT uns im Traum vorstellt, muß 1) uns nicht räthselhaft und zweydeutig, sondern deutlich und 2) wichtig seyn. Durch den Traum Pharaonis wurde eine grosse Menge Menschen beym Leben erhalten — Es muß 3) mit den Eigenschaften Gottes und seinem Wort übereinstimmen. Die ewige Quelle der Wahrheit kann nicht lügen, noch sich widersprechen — Es muß 4) die Sache, die vorgestellt wird, so zufällig seyn, daß kein menschlicher Verstand hätte darauf kommen, noch sie durch irgend eine List und Kunst entdekten können. 5) Kann auch schon das Herz des Träumenden von dem göttlichen Ursprung seines Traumes durch eine innerliche Ueberzeugung gewiß seyn. Dahin gehört jenes Gesichte, welches dem heil. Paulus *) bey der Nacht erschien, da ihn ein Mann bat, er möchte nach Macedonien kommen, und ihnen helfen. Und sich 6) durch den endlichen Erfolg rechtfertigen. GOTT läßt sich die Hand noch nicht binden, und erreget noch immer Träume; nur seye man in Beurtheilung derselben behutsam. Wenn der Lasterhafte im Traum über seinem schlipferigen Zustand erschreckt wird: alsdenn merke er. Die heil. Schrift sagt: **) **Im Traum des Gesichts in der Nacht, wenn der Schlaf auf die Leute fällt, wenn sie schlafen auf dem Bette, da öffnet er das Ohr der Leute, und schreckt sie, und züchtiget sie, daß er den Menschen von seinem Vornehmen wende,**

---

*) Ap. Geschichte XVI, 9.
**) Hiob XXXIII, 15. 16. 17.

wende, und beschirme ihn vor Hoffart, und verschonet seiner Seele vor dem Verderben. Man lese hier nach, was Joh. Porst in der göttlichen Führung der Seele S. 241. von der Aufweckung eines Sünders durch Träume sagt.

Fünftens verwerfe ich als nichtsbedeutend diejenige Träume, die so dunkel sind, daß sie uns keine Wege der Vorsichtigkeit entdecken lassen, ob auch gleich einer oder der andere davon eintrifft. Herr Heavtontimorumenos, ein reichsstädtischer Canzleyrath, quälte sich über seinem gehabten Traum so, daß ihm der Angstschweiß über seinen Leib hinrollte. Ihm hatte geträumt, er würde von einem Hund in den Fuß gebissen. Das war aber so dunkel, daß er weder Zeit, noch Ort, noch das Bild dieses Hundes sich vorstellen konnte. Er stand voll ängstlicher Bekümmerniß auf, und beschloß zu Hause zu bleiben, um seinem Unglück zu entgehen. Das Schrecken hatte ihm seine Glieder ganz kalt gemacht; er setzte sich also zum war=
men

men Ofen, um sich zu wärmen. Hier in seinem Altvaterseffel, der neben dem Ofen stand, dachte er lange an den Hund, der ihn gebissen, und doch hatte er ihn im Traum nicht so genau betrachtet, daß er gewußt hätte, ob es ein Bollenbeisser oder ein Mops gewesen, und eben so wenig wußte er, ob es sein eigener Mops, oder seines Nachbars Hund oder ein anderer seyn würde. Kurz, er war böse, daß er ihn unter allen Hunden, die er kannte, nicht finden konnte; er schlug es sich aus dem Sinne, und war zufrieden, daß er in Sicherheit wäre. Wegen dieses Gefühls vergaß er alle seine Geschäffte, und dachte, wie viele zu denken pflegen: Morgen ist auch noch ein Tag. Aber, fiel ihm ein, das Unglück könnte einen Fremden herführen, der einen Hund mitbrächte — und gleich schloß er aus Vorsichtigkeit die Thüre zu. Nun wollte er sich von seinem Schrekken erholen, und Thee trinken. Er setzte sich an den warmen Ofen, unter welchem sein getreuer Mops, der ihm gar nicht in die Gedan-

ken

ken kam, ausgestreckt lag. Aber wenn ein Unglück seyn soll, wie man im gemeinen Leben spricht: so muß sich alles dazu schicken. Herr Heavtontimorumenos verschüttete etwas warmen Thee, und unglücklicher Weise seinem lieben Mops recht ins Ohr. Plötzlich fuhr dieser auf, und biß ihn zur Rache in den Fuß, und so wurde sein Traum trotz aller übertriebenen Vorsichtigkeit erfüllt. — —

Erstlich ist es seltsam, daß nur derjenige Traum der Nachwelt erzählt wird, der unter hunderten zutrifft, und durch die Erfüllung des Einigen alle neun und neunzig unerfüllte Träume sichere Stützen finden. Hernach geht bey einem manchen, wie hier, der Traum zur Strafe in die Erfüllung. Warum that Hr. Heavtontimorumenos so ängstlich über seinem matten Traum, und vergaß sein Amt und Pflichten? Wenn daher die Träume so dunkel sind, daß sie uns keine Wege der Vorsichtigkeit entdecken lassen: so schlage man sie sich aus dem
Sinne

Sinne, und warte sein Amt und Pflicht in gehöriger Gemüthsfassung ab. Aber nun muß ich aus einem andern Tone reden, und die Bannstralen beyseit legen. Ich muß

Sechstens zeigen, welche Träume bedeutend seyen. Unsere Seele verknüpft die Bilder von vergangenen Dingen mit zukünftigen, und nachdem die Träume von verschiedener Klarheit sind: können sie uns vor gewissen Handlungen warnen, und nicht ohne Pflicht lassen, sondern verdienen unsere Betrachtung. Die Regel, die man hiebey zu bemerken hat, ist diese: Wenn die Träume erstlich von einer besondern Klarheit sind; wenn zweytens mehr Ordnung und Zusammenhang darinnen ist, als gewöhnlich: so hat man Ursach aufmerksam zu seyn. Wenn unsere Seele ihre Kraft vorherzusehen und zu vermuthen ausüben soll: so ist es fast nöthig, daß sie von andern Bildern ziemlich frey sey, die sonst die Phantasie in grosser Menge beschäfftigen. Es wird also mehr Ordnung

nung möglich seyn, und wir werden in möglicher Klarheit alles übersehen können, wenn nicht ein grosser Haufen von Bildern Verwirrung anrichtet. Träume, die uns also etwas von der Zukunft mit besonderer Klarheit enthüllen, sind gewiß weissagende Träume. Sind sie hingegen so sehr unordentlich: so ist auch gewiß das meiste darinnen eine Verwirrung der Bilder von vergangenen Dingen. Ich will auch hievon ein Exempel anführen. Petrarch beschreibts: Es träumte jemanden in Padua, daß er von einem Löwen, der an der Kirche der heil. Justina in Marmor ausgehauen stand, gebissen würde. Er belachte dis, und als er des folgenden Tages vor diesem marmornen Löwen vorbeygieng: so zeigte er ihn seinen Freunden, steckte die Hand in seinen Rachen, und sprach spöttisch: Sehet doch den grimmigen Löwen, der mich biß. Allein ob ihn gleich der Löwe nicht biß: so fühlte er doch einen durchdringenden Schmerz, und zog seine Hand schnell zurück. Es hatte sich ein Scorpion in den Rachen dieses

ses Löwens verkrochen, der ihn tödtlich verwundete, daß er Ursach hatte, seine Verwegenheit zu bereuen. — Ich übergehe die beyde Träume, welche der sel. Pfarrer Kues in Dz. jener Patriot und Christ, gehabt hat, und jedem bekannt seyn können. Die Träume bleiben eine sehr merkwürdige Erscheinung in der Seele. Wir müssen auf sie merken, und besonders die geheime Neigungen und Gesinnungen daraus kennen und verbessern lernen.

In der zweyten Sammlung werde ich mehrere Beyspiele von dieser Art Träume anführen.

Das vierte Stück.

Von der Wahrsagerey aus einer Coffeetasse.

In convivio quum Anaxarchus Alexandro propinaret, ostenso calice praedixit, fore, ut vulnus acciperet.

Erasmus.

Hundertmal warf ich schon die Feder hin, und bereuete, daß ich mir die Bürde aufgeladen habe, eine Geissel meines abergläubischen Nebenmenschen zu werden, und ihn aus dem Labyrinthe herauszupeitschen, in welchem er sich selbst thörichter Weise verirret hat. Es heißt was, sich mit dem Eiter abergläubischer Meinungen abzugeben, und denselben wegzuwischen! So gut die Absicht hiebey ist, wer danket mirs? doch wenn ich unter Hunderten nur Einen von der Seuche des Aberglaubens kurire, oder einen andern dafür verwahre: so habe ich genug gewonnen.

Leser! die dumme Welt läßt sich schon lange nicht mehr allein durch Salzhäufgen setzen, Chartenschlagen, Bleygiessen und andere dergleichen Wahrsagereyen hintergehen, sondern sie läßt sich durch neue Kunststücke noch mehr Stricke umwerfen, und aus einer Coffeetasse wahrsagen. Ich will gleich den ganzen Proceß beschreiben, so sauer es auch mich ankommt. Man trägt der Wahrsagerin eine Frage vor, z. E. wer einen silbernen Löffel gestohlen? ob man Kinder bekommen werde? Kurz, alle Fragen, welche eine Zigeunerin zu beantworten pflegt.

pflegt. Es muß ein Coffee gekocht werden, um dieses wichtige Räzel aufzulösen, und es versteht sich von selbst, daß man so höflich seyn, und der Wahrsagerin ein paar Schälchen zu trinken geben wird, damit man den Geist der Weissagung in ihr erwecke. So bald sie nun hierdurch sich in die gehörige Verfassung gesetzt hat: so schüttet sie das Oberschälchen ohngefähr halb voll dicken Coffee, und schwinget dasselbe dreymal, nicht mehr und nicht weniger, in die Runde herum, damit der Coffesatz sich überall ansetze. Diejenige, welche am sichersten gehen wollen, hauchen nach dieser Schwingung dreymal in die Tasse hinein, weil zu vermuthen ist, der weissagende Odem einer solchen begeisterten Person werde die Theilgen des Coffees in der Tasse in bedeutende Figuren zusammen ordnen. Wenn dieses geschehen: setzt sie die Tasse verkehrt auf einen Tisch, damit der Coffee ablauffe. Sie rückt alsdenn die Tasse noch zweymal fort, damit zu drey verschiedenenmalen der nichtsbedeutende Coffe herauslauf-

E 2

se, und die wahrsagende Theile des Coffees ganz allein in der Tasse hangen bleiben. Endlich nimmt sie die Tasse in die Höhe und sieht hinein. Jetzt ist der kritische Zeitpunkt, wo die anverlangte Frage entschieden werden soll. Die fragenden Partheyen stehen indessen vor diesem Orakel, und schweben zwischen Furcht und Hoffnung. Nun verändern sich die Gesichtszüge, und die Wahrsagerin spricht in einem diktatorischen Ton, z. E. der Dieb, der den Löffel gestohlen, hat schwarze Haare. Erstaunt über die bestimmte Antwort fallen die fragenden Partheyen ein: jetzt ists klar, wir haben längst gedacht, daß Cunrad der Dieb sey. Ja, ja, Cunrad hat schwarze Haare; er ist der Dieb. Die Wahrsagerin bekommt ihren Lohn, und geht ihrer Wege.

Es gehöret nur ein halber Menschenverstand dazu, um zu begreifen, daß es lauter Betrügereyen seyen. Die fragenden Partheyen sind gar nicht zum Stillschweigen aufgelegt, und ent-

entdecken einer solchen listigen Sibylle vorher schon alle ihre Muthmassungen. Was Wunder, wenn sie ihre Antwort darnach einrichtet, die ohnehin so allgemein ist, daß sie auf hunderterley Weise ausgelegt werden kann. Es ist daher eine leichte Kunst, ein solches Weib zu Schanden zu machen. Man lege ihr eine Frage vor, und rede weiter kein einziges Wort mehr mit ihr, weder vorher noch nachher: so wird man die albere Betrügerey einer solchen Pythie gar bald entdecken. Einst fragte sie Catharine, als sie sich mit jemand verloben wollte: ob sie in ihrer Heurath glücklich seyn würde? die Antwort war: sie werde bald heurathen. Ihr Mann werde sehr eigensinnig seyn, und nur zwölf Jahre leben, von welchem sie vier Kinder bekommen werde — allein aus allem diesem ward nichts. Die bevorstehende Heurath verschlug sich, und Catharine blieb noch lange unverheurathet.

Wenn diese Alfanzereyen nur unter dem gemeinen Volk im Schwange giengen, und sich blos selbiges bey der Coffeetasse wahrsagen liesse: so würde ich noch eher verzeihen, weil man bey dem Pöbel nichts bessers als Proben der äussersten Dummheit und des einfältigsten Aberglaubens erwartet; allein es ist unerträglich, daß vornehme Leute, Leute, die Poschen tragen, und die Höhe des Kopfputzes nach Pariser Schuhen messen, und das sind ja vornehme Leute? sich aus der Coffeetasse wahrsagen lassen, und ihren Stand damit beschimpfen! Leute, von denen man wenigstens gesunden Menschenverstand vermuthen sollte, sind so albern, daß sie sich von einem elenden Weibsstücke, welches ihre Betrügereyen nicht einmal listig einfädelt, an der Nase herum führen lassen. Ich kann nicht mächtige Ausdrücke genug finden, um zu sagen, wie sehr thöricht mir eine Person vorkomme, wäre sie auch vornehmen Standes, welche eine Wahrsagerin als eine begeisterte Person bewundert, die Sachen wisse, welche auch der klügste Mensch nicht ergründen könne. Ich wette, es wird noch ein Prophet aufstehen,

der

der dem treuherzigen Häuflein aus dem Kammergeschirre wahrsagen wird!

Wenn eine Wahrsagerin weiter kein Unheil anrichtete, als daß sie mit Unwahrheiten Leuten Geld ablocket, welches bös genug ist: so könnte man allenfalls noch denken: die Welt will betrogen seyn: also werde sie betrogen; allein sie ist oft ein Teufel, und eine grössere Unglücksstifterin, als man denkt. Oft ist sie Schuld, daß unschuldige Leute in Verdacht kommen, oft stiftet sie Mißtrauen, Zank und Uneinigkeit. Ich will zum Beweis dessen zwey Beyspiele anführen: Philimene war auf ihren Mann eifersüchtig. Alsbald ließ sie eine Wahrsagerin rufen, und über die Ehrlichkeit ihres Mannes eine Tasse giessen. Das Weib versicherte, ihr Mann sey ihr untreu. Seit der Zeit ist lauter Uneinigkeit im Hause — In einem andern Hause ward etwas gestohlen. Man fragte das Weib, und aus ihren Antworten schloß man, der Dieb sey eine gewisse Per-

Person, welche in demselben Hause ein- und ausgieng. Seit der Zeit hält man diese Person für einen Dieb, man hat ihren ehrlichen Namen allenthalben verunglimpft, und sie muß das Haus meiden. Unterdessen weißt man aus besondern Nachrichten, daß ein ganz anderer diese Sachen gestohlen hatte.

Ich bin nicht Willens, aller Wahrsagerey den Abschied zu schreiben. Ich weiß, daß diese Welt in einer auf einander folgenden Reihe der Dinge bestehet, die in der besten Welt möglich sind. Alle Dinge, alle Begebenheiten folgen aufeinander, nicht durch einen Zufall, oder durch ein Ohngefähr, sondern vermöge einer Verbindung, in welcher sie durch den zureichenden Grund mit einander stehen. Es ist also und geschiehet nichts, das nicht mit allen Dingen zugleich in einem Zusammenhang stehe, bald nahe, bald fern, und doch immer in einer Verbindung. Der Vernünftige sieht den Zusammenhang der Dinge ein. Dieser Zusammenmenhang ist oftmals so entfernt, daß unsere Blicke das Band nicht erkennen können, und bleibt doch Wahrheit, ohnerachtet wir sie nicht einsehen. Aber gewiß niemand, er sey so vernünftig, als er wolle, wird den Zusammenhang jener hieroglyphischen Coffee-Figuren mit den näheren oder entfernteren Schicksalen des Menschen, der sich eine Tasse giessen läßt, einsehen. Wenigstens diejenigen, die sich mit dergleichen Wahrsagereyen abgeben, können es nicht. Die geschwungenen Theile des Coffees legen sich zwar nicht von ohngefähr in gewissen Figuren an die Tasse an, und diese Figuren haben ihren Grund, warum sie eben so und nicht anders worden sind; allein sie stehen unstreitig zunächst in einer Verbindung mit dem balsamischen Hauch, den die Wahrsagerin von sich gegeben, hernach aber mit jedem andern Menschen eben so nahe. Warum hauchet nicht diejenige Person in die Tasse, die sich wahrsagen läßt? den Wahrsager will ich loben, der mir seine Prophezeyhung mathematisch demonstriren kann. Wenn die Wahrsagerey

rey ohne Zweifel aus der tiefen Einsicht des verborgenen Zusammenhangs der Dinge entsteht: so muß auch ein Wahrsager den Grund von allen diesen Dingen und ihrem Zusammenhang beschreiben können. Wer das nicht vermag, der packe sich, er löst kein Geld von mir. Er ist in meinen Augen ein Stümper, der treuherzigen Leuten das Geld entwendet, und nicht Muth genug hat, einen Diebstahl zu begehen, bey welchem er den Staupbesen zu befürchten Ursache hat.

Es wird wohl eine vergebliche Sache seyn, durch Gründe der Vernunft diejenigen, die überhaupt einer Wahrsagerin glauben, zu Menschenverstande zu bringen; denn sie haben den ihrigen verloren. Inzwischen sollen solche Leute bedenken, daß es einem Menschen, noch mehr einem Christen höchst unanständig seye, solche Wahrsagerkünste zu treiben. GOtt duldete unter seinem Volk durchaus keine Wahrsager und Zeichendeuter, und in der Christenheit wimmelt es damit, wie ehemals in Aegypten mit Läusen.

Nach=

Nachrichten aus dem Reiche des Aberglaubens.

Heute spielte ich eine traurige Rolle. Ich gerieth in einer benachbarten Stadt des Nachmittags in eine Gesellschaft, worinnen Gelehrte, Petitsmaitres, Stutzer und Frauenzimmer waren. So lange complimentirt wurde: so lange war genug gesprochen; allein nachdem ein jeder seinen Platz eingenommen hatte: so saffen wir alle, wie die Fische so stumm. Areton fühlte die Last dieser Stille zuerst, und er schien sich rechtschaffen anzugreiffen, um eine Materie auf die Bahn zu bringen. Endlich sagte er: heute ist schön Wetter. Ja, das ist wahr, sagten wir alle, und es war wieder stille. Damon, ein Gelehrter, fieng an, und redete von einer Schrift, die sehr rar wäre, und die er sehr wohlfeil erkauft hätte. So? sagte Thraso. Krispin fügte bey: das ist curieux, daß ein kleines Buch so viel Geld kostet — Aus dem Munde der Petitsmaitres gieng gar kein gescheudes Wort. Ich war traurig über meinem heutigen Schicksal, und mich verdroß, daß es sich zu keinem allgemeinen Gespräch schicken wollte. Endlich fieng ich der Gesellschaft zur verdienten Strafe an, von Gespenstern zu reden, und dieselbe zu läugnen. Hier wurde die ganze Gesellschaft rege und heiter. Ein jeder erzählte Historien, und da hatte ich genug von Phantastereyen zu hören. Um meinem Satz, daß es keine Gespenster gebe, nur einige Schminke zu geben, sagte ich im Scherze: In der Hexen-Epoche scheint es die meiste Gespenster gegeben zu haben, weil man so viele Leute unschuldiger Weise ermordet hätte. Jetzo aber hörten aus dieser Ursache die Gespenster auf; dann cessante caussa, cessat effectus. Sie haben recht, Herr Adisidämon, fiel mir Philinde in die Rede. Es ist nichts seltsamer, als Gespenster zu glauben, welche nur Mißgeburten unserer Phantasie sind. In meiner Nachbarschaft gieng die Rede, daß ein Mann, der mit Geldeinnehmen sein Leben zugebracht, nach seinem Tode,

wie

wie man zu reden pflegte, umgehe. Meine beyden Mägde sahen um dieselbe Zeit aus einem Fenster in den Garten, welchen der Mann in seinem Leben besessen. Die erste erblickte eine weisse Gestalt mit zwey Aermen, wieß es der andern, mit dem Zusatz: das sey der Mann! die Einbildung bey der andern war so stark, daß sie auch so gar die Gestalt des Mannes zu erblicken vermeinte. So sehr kan das Gemüth hingerissen werden, ungeachtet sie nichts zu besorgen hatten, weil sie weit von dem Garten waren. Endlich entdeckte die erste Person der andern, daß es blos ein weisses Hemd wäre, so zum Trocknen aufgehangen gewesen.

Bramarbas, ein Stutzer, konnte kaum warten, bis Philinde ihre Harangue zu Ende hatte, und erzählte: Mein College ist einmal zu einem Freund auf die Jagd eingeladen worden, und nachdem er an einem Abend in einem sehr beredten Vortrag unter vollen Gläsern die ganze Geisterwelt über den Haufen geworfen hatte:

hatte: so gieng er mit einem halben Rausch zu Bette. In der Nacht wird er durch den Durst aufgeweckt. Es war Mitternacht, und er hörte ein Geräusch, das ihm immer näher kam. Man müßte Lust zu lästern haben, wenn man ihn einer Verzagtheit beschuldigen wollte. Er hörte das annähernde Geräusch mit grosser Aufmerksamkeit ohne Furcht an. Er hatte Zeit, völlig munter zu werden. Der Lerm ließ sich endlich an der Stubenthüre hören. Er stund auf; allein das Getöse zog sich etwas zurück in ein Nebenzimmer, und endlich hörte er es an seiner Bettstelle, da, wo sie an der Wand stand. Dieses kam ihm ausserordentlich vor; die Haare fiengen sich allmählig an, gegen die Nachtmütze in die Höhe zu richten, und seine Knie schlugen gegeneinander, wie der Schildwache des englischen Fündlings. Allein er erholte sich, er nahm seinen Degen in die rechte und das Licht in die linke Hand, gieng aus seinem Zimmer, und fand die Thüre des Nebenzimmers geöffnet. Indem er den Augenblick ein neues Getöse in diesem Gemach hörete: so gieng er muthig darauf

los;

los; allein zum Unglück wehete ihm der Wind das Licht aus, und die Nacht war stockfinster. Indessen ließ er den Muth nicht sinken; er trat in das Gemach, in welchem er eben itzt ein grausames Gepolter hörte; er gieng mit dem Degen in der Hand dem Gehöre nach, und stieß von sich. Er fühlte, daß sein Degen etwas durchbohrte, nachdem er sich anfangs gebeuget hatte, und in dem Augenblick ward er selbst plötzlich über den Haufen geworfen; so heftig, daß er eine Zeit lang ausser sich da lag. Als er zu sich selber kam: so rufte er um Hülfe; und als der Bediente kam: schrie er heftig: Gespenst! Gespenst! — Indem er dieses sagte: nahm er zweyerley Dinge zugleich wahr: erstlich, daß Blut auf der Erde war, und dann, daß ein Feld an der Wand fehlte, die dieses Zimmer von dem seinigen trennete. Er gieng der Spur des Blutes durch einen Saal, langen Gang und die Treppe hinunter nach, bis er endlich an den Schweinsstall geführt ward, vor welchem eine Sau, und damit das Gespenst in letzten Zügen lag.

Herr

Herr Damon, ein gesetzter, ernsthafter Mann, und dabey ein Kinderfreund, hörte bisher nur zu, und brach endlich in folgende Anmerkung aus: Ich kann nicht ohne das größte Mitleiden mit anhören, wenn Aeltern sowohl als Wärterinnen den armen Kindern solche Dinge in Kopf setzen, und sie dadurch mit einer grausamen Furcht foltern, da sich diese liebenswürdigen Geschöpfe ohne diese erdichtete Erzählungen gewiß nie vor Gespenstern fürchten würden, weil sie in ihrem Leben nichts davon zu sehen bekommen. In manchen Abendsegen geschieht der Nachtgespenster und Poltergeister Meldung. Ich begreife nicht, warum diese heidnischen Irrthümer noch immer ihre Stelle mitten unter christlichen Gedanken behalten — Venit Hesperus. Wir verabredeten uns zu einer zweyten Zusammenkunft, und Damon versprach, eine nähere Beleuchtung in der strittigen Lehre von Gespenstern, und besonders von den Wiedergängern zu geben. Mich freute auf meinem Rückweg, daß die Gespenster schon bey der ersten Unterredung einen harten Stand bekommen. Mich sollte man zum Musterschreiber von den Gespenstern machen: ich wollte mit ihnen verfahren, wie *Launoy* mit den Römischen Heiligen!

Das fünfte Stück.

Aberglaubische Meinungen, die in Dänemark und Schweden im Schwange gehen.

Quisque suos patimur manes.
Horatius.

So ergiebig sollte das Silberbergwerk bey W. seyn, als reichhaltig der Berg des Aberglaubens ist. Ich mag doch den Erdboden anbohren, wo ich will: so treffe ich volle Adern davon an. Nicht nur wilde, sondern auch gesittete Völker haben ihre Kuxen davon genommen, und sich damit beschwert.

Ich hoffe, es werde dem Leser nicht unangenehm seyn, wenn ich ihme nach und nach von den aberglaubischen Meinungen Nachricht gebe, welche unter den Völkern herrschen. Die Sammlungen werden zwar immer unvollständig bleiben; jedoch kann man bey Durchlesung derselben schon überzeugt werden, daß in dieser Rücksicht ein Volk so schön sey, als das andere. Ich habe meine Gewährleute, welche für die gemachte Anzeigen stehen. Der Glückselige entdecket die Nordischen; D. Thom. Brown und der englische Zuschauer die Englischen; Tartarotti die Italienischen; Zimmermanns Nationalstolz die Chinesischen; die gestriegelte Rockenphilosophie die Teutschen u. s. w. Ein Aberglaube aber kann oft allen, oder mehreren Nationen gemein seyn; ich zeige ihn daher an, wo ich ihn antreffe. Nun hier folgen die aberglaubische Meinungen, welche in Norden anzutreffen:

Die Braut muß dafür sorgen, daß sie den Bräutigam bey ihrer Ankunft eher erblicken möge,

möge, als er sie zu sehen bekommt, damit sie die Herrschaft über ihn haben möge; auch in andern Fällen will sie das Regiment über den Mann erzwingen. Die Braut steckt Eßwaaren in die Tasche, um sie den Armen auszutheilen, da sie für jedes Almosen ein Unglück misset, sie gibt folglich von Herzen gerne; das Unglück aber kommt auf den, welcher die Gabe bekommt, der zuvor schon unglücklich ist; daher wollen die Bettler oft ihre Gaben nicht annehmen. Wenn die Braut zur Kirche reitet, hält der Bräutigam ihren Halfterriemen in der Hand, damit niemand zwischen beyden reiten, und er sie also allein behalten möge. Die Braut bindet vor der Copulation die Bänder an ihren Schuhen nicht zusammen, damit sie leichter gebähren möge. Die Braut hat unter der Copulation Geld in den Schuhen, damit es ihr niemals daran fehle. Sie setzt unter der Trauung ihren Fuß gern etwas mehr vorwärts, als der Bräutigam, um das Regiment zu bekommen. Die Braut berührt ihren blosen Leib mit einigen Fingern,

so bald sie nach der Trauung in den Saal kommt, um so viele Kinder zu bekommen, als mit vielen Fingern sie sich berührt hat. Beyde essen von einem Teller, daß sie einig bleiben mögen. Die Braut nimmt sich in Acht, daß sie nicht eher einschlafe als der Bräutigam, damit sie nicht eher sterben möge, als er.

Ausser diesem haben die mitternächtliche Bewohner noch mehrere aberglaubische Grundsätze: z. E. wenn es im Feuer platzt und prasselt, bedeutet es, daß jemand sterben wird. Wenn einem die Haut stark schauert, so lauft ihm der Tod über das Grab. Wenn die Kinder oder Hunde vor einem Hause scharren: so bedeutet es, daß jemand darinn sterben wird. Wenn ein Grab auf dem Kirchhof einfällt: so bedeutet es, daß jemand aus der Familie bald sterben wird. Wenn die Eulen auf einem Hause schreyen: so zeiget es einen Todesfall oder Feuersbrunst an. Wenn die Leiche im Sarge nach der rechten Seite zu sich legt: so bedeutet es, daß jemand männlichen Geschlechts, und

wenn

wenn sie sich auf die linke Seite legt, daß jemand weiblichen Geschlechts aus der Familie nachfolgen werde. An einigen Orten pflegt man dem Todten dasjenige mit in den Sarg zu geben, was ihm im Leben am liebsten war: z. E. Tobackspfeife, Geld ꝛc. daß er nicht erscheine. In der Christnacht müssen zwey Lichter die ganze Nacht über dem Tisch brennen. Löscht eines davon aus: so bedeutet es, daß Vater oder Mutter sterben werden. In der Christnacht streuet man Stroh auf den Fußboden, und legt vor jede Thüre und unter den Tisch einen Strohkranz, eben dergleichen legt man auf die Aecker, damit alles wohl gedeyhe. Am Johannistage muß man nichts grünes von der Erde aufnehmen, auch nicht einmal an den Blumen riechen, um nicht den Leichwurm zu bekommen, der alsdann schwärmt.

Ein ander setzt bey: ich erinnere mich, daß vor einigen Jahren ein Mann aus Jütland kam, der vorgab, daß bey Lyngbyr ein grosser Schatz vergraben liege, den er zugleich zu heben versprach.

sprach. Als er nebst andern in der Arbeit begriffen war: begab ich mich zu ihm hin. Er versicherte, den Schatz ganz gewiß zu erhalten, und daß er ihn schon würde gehabt haben, wenn nicht einer von den Arbeitsleuten gesprochen hätte; denn er meinte, daß die Verschwiegenheit währender Arbeit eine wesentliche Nothwendigkeit sey. Der Schatz, sagte er, hätte sich durch Uebertretung dieses Verbots einige Ellen tiefer gesenket. Ich erzählte dieses einer andern Person, die bey dem Ort Wache hielt. Diese gerieth hierüber ins Lachen, und sagte, daß der Mann seiner fünf Sinnen beraubt wäre, und setzte hinzu, er habe an einem unrechten Ort zu graben angefangen; hätte er da graben, wo man des Nachts ein blaues Licht brennen sieht: so möchte er vielleicht den verborgenen Schatz gefunden haben. —

Kurze Anmerkungen:

1) In den wichtigsten Fällen, als im Heyrathen und Sterben, auch in Feuersgefahr wird der

Vorsehung am wenigsten, und dem Aberglauben am meisten eingeräumt.

2) Die heiligsten Zeiten, als die Christnacht, werden mit dem Aberglauben am meisten befleckt.

3) Auch in den Nordischen Reichen ist das Weib auf die Herrschaft über den Mann erpicht.

Kurzgefaßte Neuigkeiten aus dem Reiche des Aberglaubens.

1) Der geplünderte Dieb.

An dem Galgen zu T. hanget seit ein paar Monaten ein Dieb, der bald keinen Fetzen Kleider mehr an seinem Leib haben wird. Ob er gleich in seinem ganzen Leben ein Taugenichts war, und die schwärzesten Thaten verübet hat: so macht ihn doch der Aberglaube in seinem Tode so brauchbar, daß er reissend weggeht.

Der Fuhrknecht zwickt ihm die Glaiche an den Fingern ab, womit die Diebsgriffe geschehen sind, nimmt eines dieser Beine, und läßt es

es sich in den Handgriff seiner Peitsche einflechten, woraus die gewisse Wirkung erfolgt, daß die Pferde eine ausserordentliche Angst anwandelt, wenn sie von dieser also gestärkten Peitsche getroffen werden, so daß sie den Wagen auch in dem tiefsten Weg nicht stecken lassen, sondern noch die letzten Kräften anwenden, um ihn herauszuheben, und wieder in Gang zu bringen. — Tollhans! deine Pferde fürchten ohnehin deine Peitsche, und jetzo lässest du sie auf ihrem Rücken desto nachdrücklicher auffallen, je zuversichtlicher du einen glücklichen Erfolg erwartest. Ein andermal soll der Fluch, den du im Zorn herjoleſt, die Kraft haben, den sinkenden Wagen in der Höhe zu erhalten. Laß ein jedes anderes Wort aus deinem Munde stürzen, koldere barrrbaracelar: festinobarrrrrofo im Baßton heraus, und begleite sie ein paarmal mit satten Geisselhieben: so wirst du deine Wunder sehen.

Wenn der Weinschenk einen Diebsdaumen bekommen kann: so glaubt er Glück zu haben, ohnfehlbar durch Diebsgriffe.

Der

Der Strick, woran jener Freveler sein Leben verloren, ist schon lange mit reicher Ausbeute in die Hände abergläubischer Weibsgen übergegangen, welche ihn bey ihrem Vieh, wenn es den Nachtschatten, die Würmer, und weiß nicht was für Krankheiten hat, oder gar verhext ist, mit grossem Vortheil gebrauchen. Ein kleines Stückgen davon in der Länge zwey bis dreyer Zollen kostete ehemals einen Batzen, ohnfehlbar itzo einen Sechser. Der Verkäufer gestehet von freyen Stücken ein, daß ein solcher Strick viele Klafter lang seyn müßte, wenn er dem unbändigen Gesuch des Pöbels Genüge thun wollte; er halte also andere noch ungebrauchte Stricke in Bereitschaft, verkaufe sie, und es erfolge gleiche Wirkung.

Wer gar den Nagel bekommen kann, woran der Strick fest gemacht war, an welchen der Missethäter gehenkt worden ist, der hat ein wahres Amulet wider allerley Teufeleyen.

Besonders aber wird der Gehenkte in T. bald ganz entblösset da hangen. Man reisset ihm

ihm einen Fetzen Kleider nach dem andern vom Leib ab, streicht mit dem abgerissenen Stück über den Rücken eines Viehes hin, wovon es wunderschön wird. — Gut! man nehme ein jegliches anderes Stück Tuch und mache öfters gleiche Manöuvres mit demselben: so wird es auch seinen Spiegel bekommen. Das sicherste Mittel, womit man starkes und schönes Vieh erhält, ist nach der Erfahrung jenes Bürgers ohnstreitig folgendes. Dieser Bürger wurde von einem gewissen Herrn gefragt: woher es komme, daß sein Pferd immer so gut aussehe? ha! ha! versetzte der Bürger, was werde ich nu machen? Auf weiteres Andringen des Herrn sagte er endlich: ich nehme den Haber, den das Roß nach seiner Fütterung nimmer essen mag und im Trog liegen läßt, in die Hand, und fahre ihm damit ein paarmal über den Rücken hinab.

2) Das hochohrigte Gespenst.

Herr W. von C. hielte sich in seinen Berufsgeschäfften so lange in ∗ ∗ auf, daß er nur erst

um

um Mitternacht die Heimreise antreten konnte. Er ritte ein sicheres Pferd; desto mehr stutzte er, als dasselbe in einem hohlen Weg zurückwich, und ungeachtet aller hiebey angewandten üblichen Mitteln keinen Schritt mehr vor sich thun wollte. Der Mond war schon von dem Horizont gewichen, und das Licht der Sterne reichte nicht hin, diesen hohlen Weg zu beleuchten. Er stieg vom Pferd, und führte es. Sollte es doch wahr seyn, dachte er, daß die mitternächtliche Stunde für Reisende gefährlich wäre! Nach einigen Schritten stieß er mit dem Fuß an etwas an, welches das Pferd schon in der Entfernung bemerkt haben muß. Er griff mit beyden Händen darnach, und kam bald, ohne sich tief niederzubücken, auf etwas haarichtes hin. Das Pferd wich zurück, und die Angst trieb ihn ihm nach. Allmählich erhebt sich etwas vor seinen Augen, und streckt lange Ohren in alle Höhe hin. Nun sage man mir mehr, sprach er bey sich, es gebe keine Gespenster! In dem Augenblick gab es einen jämmerlichen Ton,

Ton, den Ton eines Esels von sich, worüber er zwar anfänglich noch mehr erschrack, sich jedoch bald zu gutem Glück erinnerte, daß eine Mühle in der Nähe wäre, und dieser Esel aus Nachläßigkeit auf dem Feld müsse geblieben seyn.

3) Das allerneuste Geldmänngen.

Man läßt es unentgeldlich in Sb. sehen. Es ist von der allergemeinsten Composition, und kostet zwischen Brüdern zwölf Carolins. Zu seiner Zeit davon ein mehreres.

Das sechste Stück.

Von Ahndungen.

Es ahndet mir! und trifft auch ein,
Daß nächstens wird ein Treffen seyn,
und in demselben werd ich bleiben.
Sie werdens sehn. Nichts kann es hintertreiben.
Nur sorgen sie, daß wenn mein Körper fällt,
Er seine Ruh bey seinen Vätern hält.
So sprach ein grosser Prinz *) zu seinem Adjutant **)
Als dieser ihn im Zelt in etwas traurig fand.
Hat dieser Prinz denn recht gedacht?
Ja! der Erfolg hats wahr gemacht.

         Beschæfftigungen in der Einsamkeit.

---

*) Friedrich Franz von Wolffenbüttel, in dem Lager
bey Weissenberg. 1758.

**) Herr von Treßlow.

Von Herzen bedaure ich die Leute, welche in dem Sumpf grundloser Ahndungen strampfen, und ganz keine Wege noch Stege wissen, wie sie ans feste Land gelangen sollen. Es sind Exempel bekannt, daß Personen, die gewisse Ahndungen gehabt zu haben glaubten, sich dieselbe so sehr zu Herzen gezogen, daß sie vor starker Einbildung krank worden, und endlich gar gestorben sind. Ich bin so dreiste nicht, daß ich allen Ahndungen abbieten, und sie zum Grabe reif erklären wollte; doch wenn ich unter ihnen die Musterung werde angestellet haben: so wird es sich von selbsten geben, daß der wenigste Theil davon durchschlupfen und bestehen könne.

Alle Ahndungen sind eine Art der Anzeige einer uns zur Zeit noch ganz und gar unbekannten, und entweder in dem Augenblick, da wir sie empfinden, an einem entfernten Ort vorgehenden, oder aber einer noch künftigen benheit. Sie theilen sich in äusserliche und innerliche ein. Von diesen kommt unten vor. Jene aber sind gewisse Empfindungen und Vorstellungen, die durch Dinge, so ausser uns sind und geschehen, in uns hervorgebracht werden. Martha hört den Uhu, und Peter die Eule ungewöhnlich schreyen. Die Katzen beissen sich, und dann mag sich der Patient, so in solchem Hause befindlich ist, nur geschwind zum Tode bereiten. Hedwig vernimmt deutlich die Schläge der Todtenuhr, die ihr ungläubiger Mann ganz richtig für Schmetterlinge hält. Barbara hört oben auf dem Boden ihres Hauses einen schweren Fall, oder eine Uhr, so in langer Zeit nicht aufgezogen, schlagen, und erschrickt, wenn die Glocken von selbsten läuten, oder anfangen zu schwitzen — Agnes hört in der Geisterstunde an der Stubenthüre dreymal klopfen; sie nimmt den ganzen Rest ihrer Herzhaftigkeit zusammen, und sieht zu, ob jemand draussen ist. Allein keine lebendige Seele ist weder zu sehen noch zu hören. Anstatt nun vernünftig zu schliessen, daß sie es sich nur eingebildet oder geträumet habe: so schließt sie unvernünftiger Weise so: weil sie das, was geklopft haben soll, nicht sehe und nicht fühle: so müßte es ein Geist gewesen seyn. Die kranke Brigitta hört in einer schlaflosen und ängstlichen Nacht stark klopfen, und nun stellt sie sich ihren Tod als unvermeidlich vor. Vergebens sagt ihr vernünftiger und betrübter Mann, daß ein Handwerksmann in der Nachbarschaft noch arbeite, und daß man bey nächtlicher Stille den geringsten Schlag sehr weit hören könne. Ihrer Meinung nach muß der Schreiner an ihrem Sarg gearbeitet haben. Untröstbar über den Verlust ihres jungen Lebens, erblaßt sie in den Armen des treuesten Gatten. Der Arzt hatte alle Hoffnung zu ihrem Aufkommen. Sie wäre noch durch seinen Fleiß, der ihrer guten Natur glücklich zu Hülfe kam, zu retten gewesen; Aber der ihr von ihrer Großmutter eingepflanzte Aberglaube hat den Faden ihres Lebens abgerissen. Ich bin in der That müde, von dieser

Krankheit des Pöbels oder von den äusserlichen Ahndungen ein Wort mehr zu schreiben. Ich beschwöre vielmehr jetzo alle Aeltern und alle diejenigen überhaupt, die mit Kindern umgehen, daß sie dieser unschuldigen und liebenswürdigen Geschöpfe schonen, und kein Wort von dergleichen albernen alten Weibermährgen vor ihnen reden. Denn alle diejenigen, welche ihnen das Gehirn mit närrischen Erzählungen von Gespenstern und solchen Ahndungen in einem Alter anfüllen, da sie eben so leichtgläubig als ungeschickt sind, eine Erzählung und Begebenheit zu untersuchen und zu beurtheilen, begehen an ihnen eine unverantwortliche und höchststrafbare Grausamkeit. Zwar kein Frauenzimmer von einer mittelmäsigen guten Erziehung erzählt im Ernste mehr dergleichen Histörchen; aber die Spinnstuben sind von dem Dunst derselben noch nicht gereiniget, und die Mährgen erhalten sich um so eher bey Mägden, weil man ihnen etwas zu ihrer

Aufmunterung vorschwätzen will, daß sie bey dem Spinnrocken nicht einschlafen.

Die innerlichen Ahndungen laßen sich füglich in drey Claßen abtheilen, die erste ist diese: Manche Leute halten eine jede Beängstigung von Traurigkeit, die sie anwandelt, für ein Zeichen eines entweder ihnen selbst oder ihren Verwandten bevorstehenden Unglücks. Und daher haben Leute, die entweder Blähungen unterworfen sind, oder welche ein dickes Geblüt, oder wohl gar einen Ansatz zur Hypochondrie haben, die meisten Ahndungen. Ist nun ihre Familie weit ausgebreitet und zahlreich, haben sie viele Gemüthsfreunde: so müssen sie auch mehrere Unglücks- und Todesfälle erleben, als andere. Also schließen wir alle Arten einer solchen anwandelten Traurigkeit und Angst um deßwillen von der Zahl der Ahndungen aus, weil sie ihre ganz begreifliche Ursachen in der verdorbenen Beschaffenheit des Körpers haben, und sich als ganz gewöhnliche Wirkungen einer
üblen

üblen Geblütsbeschaffenheit sehr natürlich erklären lassen. Mithin weg mit den matten Reden,
wenn der schwarzblütige Arnold bey entstande-
nem Unglück also ausbricht: sagte ich es euch
nicht vorher, wir würden bald ein Unglück haben, oder eine traurige Post kriegen? Es solle
es mir fürohin niemand ausreden, wenn mir
etwas ahndet. Meine Angst bedeutet allemal
etwas —

In die zweyte Classe gehören solche Vor-
herempfindungen einer schnellen Angst und Traurigkeit, die uns mitten in unsern Fröhlichkeiten,
und wenn wir vollkommen gesund sind, so uner-
wartet befallen, daß wir, ohne vorher im geringsten
an etwas trauriges gedacht zu haben, uns feste
einbilden, daß Personen, wenn sie noch so auf-
geräumt gewesen, und ohne die geringste Ursache zu traurigen Vorstellungen zu haben, plötzlich von einer Traurigkeit oder Angst befallen
werden, ohne daß sie die geringste Ursache an-
geben können, warum sie so traurig und ängst-

G 2 lich

lich sind. Man sieht hiebey auf zwey Fälle. Erstlich stellen wir uns ganz dunkel und verworren ein Unglück oder einen Trauerfall vor, der jetzt in dem Augenblick an einem von uns entfernten Ort vorgeht. Oder wir haben zweytens ein dunkles Gefühl von einem noch künftigen uns bevorstehenden Unglück. Wir wollen spazieren reiten; indem wir zu Pferde steigen, wandelt uns in dem Augenblick ein ängstliches Wesen an, und es ist uns nicht anders, als wenn uns etwas zurückzöge. Ein jeder, der dieses lieset, wird dergleichen Fälle wissen, da diese Ahndungen erfüllet worden sind; ich würde also zu kühn seyn, wenn ich sie allemal für ein Spiel der Einbildung, der Hypochondrie, oder eine Folge eines zähen Geblüts erklären wollte.

Man ist bemühet gewesen, sie aus den Trieben der Thiere natürlich zu erklären, welche in dunkeln Bestrebungen oder Verabscheuungen gegen solche Dinge bestünden, die uns entweder nütz-

nützlich oder schädlich sind, ohne daß wir die innere Natur dieser Dinge selber einsehen könnten. Andere haben sie aus der Sympathie oder Antipathie zu erläutern gesucht, worüber aber die Weisen die Köpfe schüttelten, und eine deutsche deutliche Erklärung verlangten.

Von gegenwärtigen Dingen, die in dem Augenblick geschehen, können wir auf keine andere Art eine Vorstellung erlangen, als daß sie auf unsre Sinne wirken, und durch dieselbe auf unsre Seele; und wir erkennen zukünftige Dinge nicht anders, als in so ferne wir die Reihe der Ursachen, die nach und nach eine blos mögliche und an sich zufällige Begebenheit wirklich machen werden, übersehen. Wenn die Seele ruhig, und sich selbst gelassen ist: so kann sie bisweilen diese Verbindung von Ursachen sich sehr deutlich vorstellen; oder wer sehr scharfsichtig ist, und viel erfahren hat, der kann mit grosser Wahrscheinlichkeit aus ähnlichen Fällen eine zukünftige Wirkung und Begebenheit

heit sehr glücklich errathen, und wenn nicht etwas, das ihm unbekannt geblieben, dazwischen kommt: so kann zufälliger Weise seine Vermuthung oder Erwartung bisweilen, ja öfters eintreffen. Und dieses gilt auch von Träumen, davon ich in dem zweyten Stück Meldung gethan, in welchem die sich selbst gelassene Seele eine ganze Scene von Maschinen und auftretenden Personen zuweilen so übersieht, daß sie das Ende des ganzen Schauspiels zum voraus weiß. Aber dieses sind keine Ahndungen. Bey einer Ahndung habe ich eine Art des Gefühls von einem meistentheils traurigen Zufall, ohne daß ich den Zufall selber, oder das, was vor demselben vorhergehen wird, kenne und andern sagen kann.

Die göttliche Vorsehung muß hier mit im Spiel seyn. Es ist ihrer liebreichen Sorgfalt gegen die Tugendhaften gemäs, alles von ihnen abzuwenden, was ihnen in gewissen Umständen sehr nachtheilig seyn würde. Sie will uns

uns daher vor einem zukünftigen Unglück warnen, wenn es an sich vermeidlich ist, oder wenn dasselbe aus wichtigen Ursachen geschehen, und über uns verhänget werden muß, oder bereits geschehen ist, daß sie uns dadurch vorbereiten will, es standhaft und gesetzt sowohl zu erfahren als zu ertragen. Wer mag aber die Art und Weise bestimmen, wie sie ein dunkles Gefühl in uns hervorbringe? Eben nicht gleich durch Engel, da sie durch die geringste Ursache in unsern subtilsten Nerven eine solche Bewegung verursachen kann, dergleichen alsdenn in unserm Gehirn vorgehet, wenn in der Seele eine traurige Vorstellung und Empfindung verursacht wird. Kann nicht das geringste Zittern einer Saite unsere zarten Nerven so erschüttern, daß durch einen solchen Ton ein Affect der Traurigkeit in uns erreget werde? ich behalte mir bevor, Exempel von dieser zweyten Classe gelegenheitlich nachzuholen.

In die dritte Classe gehöret diejenige Vorstellung einer künftigen oder bereits an einem

entfernten Ort vorgehenden traurigen Begebenheit, die wir so klar erkennen, daß wir so gar die Umstände uns vorstellen, unter welchen dieselbe geschehen wird, oder in dem Augenblick geschieht. Ich will ein sehr erhebliches Exempel anführen, welches ich aus der beliebten Wochenschrift, dem Reich der Natur und der Sitten, entlehnet habe, und zugleich anmerken, daß diese Begebenheiten der Frau Baumont eigentlich berichtet worden sind. Ein Umstand, der dieser Nachricht zum voraus bey vielen Lesern ein gutes Vorurtheil verschaffen wird. Dieses gelehrte Frauenzimmer hat die ihr mitgetheilten Nachrichten für glaubwürdig erkannt. Hier ist kurz der Inhalt davon. Der Schall der Kriegstrompete rieß einen Officier aus den Armen seiner innigst geliebten Gemalin. Diese Trennung würde ihr unerträglich gewesen seyn, wenn er nicht von Zeit zu Zeit von seinem Wohlbefinden Nachricht ertheilt hätte. Einsmal schlief sie über einen erst kürzlich erhaltenen sehr angenehmen Brief ein. Was
wäre

wäre natürlicher gewesen, als daß sie die Nacht mit den angenehmsten Träumen zugebracht? Allein gerade das Gegentheil. Sie erwachte plötzlich mit einem heftigen Geschrey. Ihre Kammerfrauen springen bestürzt aus ihren Betten. „Er ist dahin, ruft sie ihnen entgegen, ach, er ist dahin! den Augenblick habe ich ihn sterben gesehen. Ach! jetzt ist mein Liebster an einer Wasserquelle unter Blumen gestorben. Ein Officier in einem blauen Kleide hat sich noch, aber vergebens, bemühet, ihm das Blut zu stillen, und ihn zugleich mit einem Trunk Wasser aus seinem Huth zu laben.„ Die Kammerfrauen gaben sich alle ersinnliche Mühe, die Dame zu bereden, daß dieser böse Traum eine bloße Wirkung ihrer zärtlichsten Bekümmerniß für den besten Gemal wäre; allein es war kaum möglich, die bestürzte Dame zu beruhigen. Endlich wiegte sie die grosse Ermattung gleichsam wieder in Schlaf. Aber auch dieser Schlummer ward alsbald durch das vorige Gesicht wieder unterbrochen. Die zärtliche Gattin

tin fiel in ein heftiges Fieber, unter welchem sehr merkliche Phantasien ausbrachen. Vierzehn Tage verstrichen sehr langsam zwischen Furcht und Hoffnung, und endlich kam der traurige Bott, welcher die Bestättigung von dem schrecklichen Traum mitbrachte. Nach vier Monaten hörete sie im Winter, nahe bey ihrem Hause, in einer Kirch eine Messe. Nahe vor ihrem Stuhl erblickte sie einen Officier, und in dem Augenblick erhob sie von neuem ein grosses Geschrey, und fiel in eine Ohnmacht. Nachdem sie wieder zu sich selber kam: ließ sie den Officier ersuchen, zu ihr zu kommen. Der Officier war darüber stutzig. Er bat sie, ihm hren Namen zu sagen; und nunmehr erinnerte er sich an eine Begebenheit, die er schon bey nahe vergessen hatte.,, Ich sah ihn sterben, sprach er, da ich von ohngefähr an den Ort kam, und ich erwieß ihm allen Beystand, den ich ihm leisten konnte. Ich verließ ihn, so bald er todt war, ohne zu wissen, wer er sey; aber ihr Name, den er bis auf den letzten Hauch
aus-

ausſprach, prägte ſich meinem Gedächtniß tief ein.„ So redete der Officier, der darüber am allermeiſten erſtaunte, daß ihm dieſe Dame den Bach, die denſelben beſchattenden Bäume, und die Lage des Sterbenden aufs deutlichſte beſchreiben konnte.

Dieſes Exempel iſt ſehr merkwürdig, und nachdem ich ſo viel von Ahndungen gehöret: ſo habe ich immer auch auf eine ſo umſtändlich beſchriebene Begebenheit gewartet. Ich will kürzlich anführen, was ein Mitarbeiter an jener Wochenſchrift davon geurtheilt hat. Wenn man dieſe ganze Erzählung als wahr annimmt, und alſo etwas vorausſetzt, was wenigſtens die meiſten Leſer wünſchen werden: ſo muß eine ſolche Ahndung mit gröſſerm Recht unter die prophetiſchen Offenbarungen geſetzt werden.„ Wenn die Dame vorher in den Zeitungen geleſen hätte, daß ein Treffen unvermeidlich wäre; oder wenn ihr Gemal ihr gemeldet hätte, daß er krank wäre: ſo ließ ſich ihr Traum ganz natürlich aus der Einbildungskraft erklären. Das allersonderbarste bey dieser Begebenheit ist, daß die Dame eine nie gesehene Gegend sich im Traum so richtig vorstellt, wie sie wirklich war; denn der Officier erkannte dieselbe gleich für richtig. Zum andern, dis ist nicht blos sonderbar, sondern vielmehr übermenschlich, daß sie die Gesichtszüge eines Mannes erblicket, den sie vorher nie gesehen hat. Dieser Umstand allein macht, daß man die ganze Begebenheit als übernatürlich erklären muß. Sie läßt sich schlechterdings nicht aus den Kräften der menschlichen Seele erklären. Die Phantasie konnte der Dame einen Officier vormahlen, der ihrem Gemal diesen Liebesdienst erwies. Aber wie konnte sie ihr ein vollkommen nach der Natur gezeichnetes Bild von der Gegend und dem mitleidigen Fremdling entwerfen, da ihr die Sinne nie die geringste Vorstellung weder von der Gegend noch von dem Officier gemacht haben? Es bliebe also nichts übrig, als daß man annähme, daß diese umständliche

Vor-

Vorstellung in ihrer Seele durch eine höhere göttliche Kraft hervorgebracht worden wäre.

Allein laßt uns vorher untersuchen, ob auch in der That die ganze Erzählung vollkommen so glaubwürdig sey, als sie andern vorgekommen ist. Erstlich da man eine Geschichte nur allein um des unverwerflichen Zeugnisses anderer willen glaubt: so muß zuförderst untersucht werden, wer der Zeuge sey? Sein Name ist nicht angeführt. Konnte er denn nicht vermuthen, daß verständige Leser zuerst nach seinem Namen und persönlichen Character fragen würden, um zu wissen, ob der Mann sich genau nach der Richtigkeit einer so merkwürdigen Anecdote habe erkundigen können und wollen? Er meldet blos, daß er dieselbe in einer Gesellschaft gehört, wo man sich gemeinschaftlich mit nützlichen und anmuthigen Gesprächen unterhalten habe. Dieser letztere Umstand macht die ganze Sache sehr verdächtig. Zum andern, warum sind die andern Umstände, woraus sich

die

die Gewißheit einer Sache muthmaſſen läßt, ganz und gar verſchwiegen worden? wie hieß der vornehme Officier? wo wohnte er? wann geſchah die ganze Begebenheit? Denn man muß doch nothwendig wiſſen, ob auch dazumal Krieg geweſen ſey.

Drittens wird gemeldet: daß der Dame in der Ohnmacht von einem Barbier wäre zur Ader gelaſſen worden, und daß der Freund von dem Verfaſſer des Briefes an die Frau Baumont eben durch den Barbier die ganze Sache erfahren. Ich gäbe gern was darum, wenn der Barbier vom Theater ganz weggeblieben wäre. Man kennet die Geſchwätzigkeit dieſer Herren. Sie müſſen immer was neues mitbringen, wenn man ihrem nicht allemal ſcharfen Meſſer geduldig herhalten ſoll. In wie fern eine Aderläſſe in ſolchem Anfall nützlich ſey, das will ich nicht beurtheilen. Nach vier Monaten erblickt ſie in der Meſſe den Officier, der die letzten Seufzer ihres ſterbenden Gemals empfangen hatte.

hatte. Und sie fiel in eine Ohnmacht. Dieses ist, wenn das vorhergehende wahr ist, ganz glaublich. Aber der unbekannte Officier versichert einmal, daß er den Namen des Sterbenden nicht gewußt habe. Ich sollte doch denken, daß er denselben erforscht und erfahren hätte. Alle Umstände dieser Erzählung geben zu erkennen, daß der Sterbende wenigstens ein Oberster gewesen seyn müsse. Sollte gar niemand zugegen gewesen seyn? Sollte man keine Briefe bey ihm gefunden haben? Er meldet ferner: daß derselbe seine Gemalin öfters bey ihrem Namen, ohnfehlbar bey ihrem Taufnamen, genennet habe. Ich sollte denken, daß der hülfreiche Fremde durch eben dieses rührende Andenken des Sterbenden an seine Gemalin würde bewogen worden seyn, ihn zu fragen, ob er an dieselbe in seinem Namen noch was bestellen sollte, und wo sie wohne? ich will hierüber nicht meine Meynung äussern, sondern vielmehr kürzlich anführen, was in der oben schon angeführten Wochenschrift davon geurtheilt wor-

worden. Die ganze Erzählung, heißt es, mag in einer herzrührenden Romane bestehen. Oder, es kann auch folgendes an der ganzen Sache richtig seyn. Eine Dame, deren Gemal zu Felde zog, hat, da sie sich immer mit der Gefahr, welcher ein braver Officier im Felde ausgesetzt ist, beschäfftigte, von demselben einen ängstlichen Traum gehabt. Es fiel ein Treffen ein, und ihr Gemal ward verwundet. Also ward der Traum erfüllt. Ein nicht ungeschickter Scribent aber hat die ganze Begebenheit mit solchen Umständen ausgeschmückt, daß sie sich, als was ausserordentliches, in einer Schrift nicht ohne Rührung von zärtlichen Seelen lesen ließ. Ich bemühe mich demnach nicht, die Ursache dieser Begebenheit zu erklären, so lange man mich nicht überzeugen kann, daß dieselbe oder andere ihr ähnliche Erzählungen wahr sind.

Nun bin ich mit der Musterung der Ahndungen zu Ende. Man lasse fürohin die Eule schreyen,

schreyen, die Katzen ſich beiſſen, die Hunde heu‍len, die Todtenuhr ſchlagen, ohne ſein Gemüth aus der zufriedenen Lage hierüber ſetzen zu laſ‍ſen. Wer ſich befleißiget, ein gutes Gewiſſen zu haben, und ſich der göttlichen Vorſehung ergibt, der hat nicht Urſache, über einem jeden rauſchenden Blatt ſich in Forcht und Schrecken zu ſetzen. Seine Wohlfahrt iſt beſſer gegründet, und hänget nie von ſolchen ungewiſſen und un‍ſichern Dingen ab. Es iſt freylich ſchwer, über die in der Jugend eingeſogene Schwachheiten Meiſter zu werden, und über ſeine Phantaſie Herr zu bleiben. Ich habe von einem Solda‍ten geleſen, daß er unerſchrocken in die Bre‍ſchen gedrungen, und ſich doch vor ſeinem Schatten gefürchtet; ja daß er gleich blaß aus‍geſehen, wenn es an der Thüre kratzte, da er doch den Tag zuvor wider eine mit Stücken be‍ſetzte Schanze gerückt war.

Wer aber wirklich eine Ahndung hat, der betrübe ſich hierüber nicht, ſondern gebrauche ſie, wozu ſie ihm von der Vorſehung zugeſandt

worden, nämlich sich vor einer unmäßigen Traurigkeit zu bewahren, und den betrübten Zufall desto eher zu ertragen, oder wo möglich, gar abzuwenden. Vorsichtigkeit ist hiebey nöthig. Wage dich nur, wozu dich Beruf und Pflicht nöthigen. Wenn der Kriegsmann dem feurigen Schlund einer feindlichen Canone entgegen rücken muß: so kann er sich nicht entziehen, ob ihn auch gleich eine sichere Ahndung seines gewissen Todes halber benachrichtiget hat. Wenn aber dem Christian ahndet, er werde heute den Hals brechen, wenn er spazieren reitet: so bleibe er vom Pferde. Hätte der Passauische Weihbischof, Herr Graf Firmian, dieser Regel gefolgt: er würde neulich das Unglück nicht gehabt haben, von seinem Bedienten erschossen zu werden. Die Teutsche Chronick versichert im 74. Stück 1776. der Bischoff wollte nicht auf die Jagd gehen, weil er schwermüthig ward und sagte: es ist mir als drohte mir ein groß Unglück. Er wurde aber doch überredet; der Bediente hob ihn mit der rechten Hand in Wagen, und hielt in der linken sein Gewehr. Indem er ihn vollends in die Kutsche lüpfen wollte: geht das Gewehr los und der Bischoff blieb auf dem Platze. Man bedauert ihn: dann er war ein guter Herr.

Der merkwürdige Traum jenes Bischoffs von Hildesheim; aus den Beschäfftigungen in der Einsamkeit.

Ein Bischoff, den auf seinem Pfiel
ein sanfter Schlummer überfiel,
Der stellt sich seinen Freund, der ein Prälate war,
Dem Wesen nach im Traum, und zwar so ähnlich dar,
Daß er im Schlafe diß sein Bild
Wahrhaftig für ihn selber hielt.
Kaum sah er ihn, so führte man auch ihn
Zu GOTT, dem Richter aller Menschen, hin.
Hier ward sein Freund scharf angeklagt,
und um sein Thun genau befragt,
Und wegen seinem bösen Leben
Zur Qual den Peinigern gegeben.
So bald der Richter diesen Spruch gethan:
So sahen sie einander an,

und sagten: Haben wir noch Zeit,
und sind noch in der Sterblichkeit:
So laßt uns Gutes thun, Gal. 6, 10.
Damit wir einst im Frieden ruhn.

 Hier ward der Bischoff wieder wach;
Und ein entferntes Weh und Ach,
Das ein beklemmter Mund ausstieß
Und sich von weitem hören ließ,
Ermuntert ihn nur desto mehr,
so daß er rief: wer draussen wär?

 Mein Herr ist todt, ihr bester Freund,
Sprach eine Stimme, die geweint,
In dieser Nacht ist er verblichen,
Und plötzlich aus der Welt gewichen.

 Dis war ein Diener vom Prälat,
Dem er aus Liebe alles that,
Der diese Bottschaft überbrachte,
und den gehabten Traum wahr machte.

 Wie schröcklich war dem Bischoff nicht
der abgestattete Bericht?
Er seufzte über seinen Freund,
Daß ers mit GOTT nicht treu gemeynt;
Nahm aber dis Gesicht zur Warnung an,
betrat aufs neu mit Ernst die Tugendbahn,
Und prägt sich jenen Spruch tief ins Gedächt=
   niß ein,
O möchten wir doch auch dis Sinnes seyn!

Das

Das siebende Stück.

Von den Cometen.

Ab ultima antiquitatis memoria notatum eſt, Cometas ſemper calamitatum prænuncios fuiſſe.

Cicero.

Es gibt eine Art Leute, die ſich kein Gewiſſen daraus machen, daß ſie einfältige, abergläubiſche und furchtſame Gemüther vorſetzlich durch erdichtete Erzählungen in Furcht und Schrecken ſetzen, um ſie durch die Angſt zu nöthigen, daß ſie ihre gewinnſüchtigen Abſichten errei-

erreichen. Ich übergehe dismal die Markt,
schreyer, Wahrsager u. d. g. Es gibt weit
ansehnlichere Stände in der Welt, unter wel,
chen dergleichen Beutelschneiderepen im Schwan,
ge gehen. Die Kirche selbst wurde dadurch ent,
heiliget, in den Zeiten, da man Stückgen
Holz, vermoderten Knochen, gewissen Wörtern,
und dergleichen unmächtigen Dingen eine wun,
derthätige Kraft zuschrieb. Das Interesse er,
forderte, daß man die Gottheit von allen Sei,
ten furchtbar und erschröcklich abmahlte; dann
weil sich nur der Clerus das Privilegium zueig,
nete, den erzürnten Himmel wieder zu versöh,
nen: so kam ein Blutregen, eine Stimme im
Wald, die Erscheinung eines Schwerdts, eines
Cometen, einer Ruthe, eines Todtenkopfs
oder streitender Kriegsheere am Himmel sehr
gelegen. und man nahm sich wohl in Acht,
dergleichen Phänomena natürlich zu erklären.
Jetzt aber, da die Naturlehre mit einem so all,
gemeinen Fleiß getrieben, und durch die Mut,
tersprache auch den Ungelehrten bekannt gemacht
wird:

wird: so setzet weder die Schlaglaus, noch der Todtenkopf, noch der Laternenträger die Vernünftigen mehr in Schrecken. Man sieht sie für das an, was sie sind, nämlich für Insecten, nicht aber für böse Propheten oder Boten des Todes.

Was für schreckliche Schauspiele haben nicht ehemals boshafte Gemüther vermittelst des Phosphorus den Unwissenden vorgestellt! Jetzt aber würde sich derjenige Student nicht mehr vom Carcer befreyen, der zu Anfang dieses Jahrhunderts auf einer gewissen Universität sein Gesicht mit Englischem Phosphorus bestrichen, daß der ganze Kopf brannte, worauf er ihn mit einem heulenden Geschrey aus dem Fenster steckte, und die ganze Nachbarschaft zitternd machte. Und eben so schwer lassen sich in unsern Zeiten die erbärmlichen Scenen mit den armen Seelen aus dem Fegfeuer nachmachen. Man fängt an, heller zu sehen, die Vorurtheile für gewisse Personen abzuwerfen, und auch dem

H 4 Pöbel

Pöbel die Augen zu gönnen. Wahrlich ich wünsche beyderley Pöbel geöffnete Augen; denn jenes gelehrte Blatt versichert mich, es gebe zweyerley Pöbel. Den Staar zu stechen, getraue ich mir nicht, wohl aber durch gegenwärtige Bögen zugepappte Augen aufzubeizen, und sie brauchbar zu machen. Nun zur Sache!

Waren es Leute, welche die Handlung oder ein Handwerk erlernt haben, das weiß ich itzt nicht: kurz es waren drey Jünglinge, welche die Welt sehen, und sich in dem Erlernten vollkommener machen wollten. Sie waren nicht alle von gleichem Korn und Schrot. Christian hatte eine bessere Erziehung, mehr Muth und Geschick als die andern. Carls Körperbau war ansehnlich, Friedrich aber furchtsam. Sie wußten nur von dem zu sagen, was sich in dem Dunstkreis ihrer Werkstätte zugetragen hatte. Sie reiseten Anno 1742 von Basel aus an dem Rhein hinunter, in eben demjenigen Jahr, in welchem ein Comet in der schönsten Klar-

Klarheit erschienen ist. Mit dem Anfang des Märzen verliessen sie den Schoos ihrer Aeltern, und den 6ten trafen sie in Colmar ein. Hier waren die Inwohner in voller Bewegung, und sahen begierig nach dem Cometen, der sich über ihrer Stadt blicken ließ. Je mehr sie dahin sahen, desto mehr entdeckte ihnen ihre furchtsame Phantasie in dem Schweif des Cometen Vorboten des Unglücks. Sie sahen Spiesse, Fackeln, Schwerdter, feurige Reuter, streitende Heere u. d. g. Es wollte bey nahe diese drey Jünglinge reuen, die Wohnung sorgfältiger Aeltern bey so mißlichen Aspecten verlassen zu haben. Unterwegs holten sie durch ihre schnelleren Schritte einen Mann ein, der in einem Buch las, und daher langsam gieng. Es war ein Geistlicher, welcher einen Krankenbesuch auf einem Weiler zu machen hatte. Sie näherten sich ihme, und baten ihn um seine Gefährtschaft. Ihr Herz war voll Unruhe über der Gefahr, welche der Comet drohete. Sie ersuchten ihn, seine Gedanken hierüber zu äussern.

Der Priester nahm seine Bibel, und damit ihnen auf einmal alle Furcht benommen würde, las er ihnen folgende Worte vor: *) So spricht der HERR: ihr sollt nicht der Heyden Weise lernen, und sollt euch nicht fürchten vor den Zeichen des Himmels, wie die Heyden sich fürchten. Auf die weitere Erklärung dieser Worte minderte sich zwar in etwas diese Furcht; der Aberglaube aber ist ein dicker Baum, der nicht auf den ersten Hieb gefällt werden kann. Dem furchtsamen Friedrich fiel ein, daß er aus dem Munde seines Vaters selbst gehört hätte: Es habe sich Anno 1682 ein brennender Comet der Welt vorgezeigt, worüber alle diejenigen Länder, die ihn wahrnahmen, in Furcht und Schrecken gesetzt worden seyen. Als nun das folgende Jahr der Türkische Großvezier mit 200,000 Mann vor Wien gerückt sey, und dieser Stadt heftig zugesetzt habe: so sey die böse Bedeutung des Cometen handgreiflich worden.

Ja

---

*) Jerem. X, 2.

Ja es würde auch das Unglück über diese Stadt auf den höchsten Grad gestiegen, und sie von dem Großvezier mit stürmender Hand erobert worden seyn, wenn er Lust genug gehabt hätte, die darinn befindliche reiche Beute mit jemand zu theilen, und er nicht Willens gewesen wäre, sich selbst aus Wien eine eigene Residenz zuzubereiten. Die Türken seyen mit ihren Laufgräben schon so nahe an die Stadt gekommen gewesen, daß sie gar wohl mit den Belagerten hätten reden können; wie sie auch der Christen anzuhoffenden Succurs spottsweise nur ihre Corporalschaft genennt hätten.

Es ist wahr, sprach der Priester, in dem ermeldten Jahr zeigte sich nicht nur der Comet, sondern es brach auch bald darauf ein schweres Ungewitter über dem Scheitel Wiens aus; aber euer Schluß trügt, wenn ihr diesen Cometen als den Vorboten jenes Ungewitters angebet. Eben zu der Zeit, als wir ihn hier in Teutschland sahen, wurde er eben so groß, stark und feurig

in

in Frankreich, Spanien, Dänemark und Schweden gesehen. Warum ist denn der Türke nicht auch dahin gekommen? Es sind die Cometen solche Himmelskörper, die eine Zeit lang erscheinen, hernach aber sich von unserm Gesichte wieder entfernen. Sie ziehen gemeiniglich einen langen Schweif hinter sich her, der das Unglück gehabt hat, ehemals selbst von den Gelehrten, jetzt aber nur noch von dem Pöbel, vermittelst der Einbildungskraft in verschiedene fürchterliche Instrumente, als Ruthen, Schwerter u. d. verwandelt zu werden. Ihr Schweif besteht vermuthlich aus den subtilen Ausdünstungen der Cometen, und ist sehr dünne, daß man auch die Fixsterne durch denselben strahlen sehen kann. Diejenige Seite von ihnen, welche von der Sonne erhellet wird, und ihr gerade gegenüber stehet, wird uns sichtbar, wie wenn die Strahlen der Sonne durch den Rauch oder in den Nebel scheinen. Die Alten haben sie für solche Lufterscheinungen angesehen, dergleichen die fliegende Drachen u. d. g. sind. Allein

lein es war denen neuern Sternsehern leicht, das Gegentheil darzuthun; denn einmal stehen sie viele tausend Meilen weit über unserer Erde hinaus; hernach ist ihre Bahn, die sie laufen, so regelmäßig, daß man bey einigen der letztern Cometen von dem ersten Tage ihrer Erscheinung an ausgerechnet hat, bey welchen Gestirnen sie ihren Weg vorbeynehmen werden. Christian faßte den Vortrag bald, doch blieben ihm noch Zweifel übrig, und wünschte zu wissen, warum sie denn so selten gesehen würden? der unverdrossene Priester gab folgende Erläuterung hierüber: es gehen viele Cometen über uns weg, und wir sehen sie nicht. Man kann bisweilen, wie ich schon erinnert habe, den Weg, den die Cometen nehmen werden, von dem ersten Tag ihrer Erscheinung an bestimmen; aber man kann nicht ausmachen, wann sie wieder kommen werden; denn sie laufen nicht in Kreisen, wie der Abendstern u. d. sondern in zwo sehr langen Linien, die unten um die Sonne rund zusammen laufen. Folglich kann man
nicht

nicht wiſſen, wie viele Zeit ſie gebrauchen, ihre Bahn zu vollenden. Bisweilen kommen ſie der Sonne ſehr nahe, zu einer andern Zeit aber entfernen ſie ſich ſehr weit von derſelben. Die Reiſende kamen an dem Ort unvermerkt an, wo der Kranke ſeines Arztes wartete. Sie ſchieden jedoch noch nicht von einander, ſondern ſetzten ſich vor dem Weiler unter einem Baum nieder, um noch die Frage zu beantworten, welche Friedrich machte, der aus der bisher angenommenen alten Meynung noch immer behauptete, die Cometen ſeyen Unglückspropheten. Warum foltert ihr euch vergebens? erwiederte der Geiſtliche. In der heil. Schrift hat ſich GOTT nirgends erkläret, daß er die Cometen zum Zeichen ſeines Zorns oder auch ſeiner Gnade geſetzt habe. Vielmehr hat er uns warnen laſſen, daß wir uns vor den Zeichen des Himmels nicht fürchten ſollen, wie die Heiden. Es wäre auch ungereimt, daß die Cometen Boten des göttlichen Zorns ſeyn ſollten, da die meiſten von den wenigſten Menſchen geſehen werden. Es iſt

keine

keine Folge: auf die Erscheinung des Cometen ist einer gewissen Nation ein Unglück begegnet; also hat der Comet dieses bedeutet. Auch ist aus der Historie unerweislich, es sey jederzeit auf die Erscheinung eines Cometen eine grosse Veränderung in den Reichen der Welt erfolget. Wollte ja GOTT einem Volk durch ein Zeichen vom Himmel seinen Untergang ankündigen: so müßte er es in unsere Luft setzen, daß es über dem Land oder über der Stadt stehen bliebe, welcher der Untergang angedeutet wird, wie es vor der Zerstörung Jerusalems und Constantinopels geschehen seyn soll.

In einem so bösen Geschrey war auch vor Alters der Mond wegen seinen Finsternissen. Man wußte zwar wohl in den alten Zeiten, daß Sonne und Mond sich verfinstern; aber wann solches geschehen würde, war unbekannt. Fiel nun die Finsterniß gerad zu einer Zeit ein, wo eine wichtige Unternehmung vor war: so vermuthete man nichts als Unglück. Nicias, der

der Athenienser, wollte eben mit seiner Flotte unter Segel gehen, als man eine Mondsfinsterniß wahrnahm, wodurch man veranlaßt wurde, die Segel wieder einzuziehen, und die Zeit einer glücklichen Abfahrt geduldig abzuwarten; allein hiedurch bekamen die Feinde Zeit, die Schwerdter zu wetzen und die Athenienser anzugreifen, also daß dieser Aberglaube die Hauptursache von dem beträchtlichen Verlust war, welchen die Flotte des Nicias vor Syracus erlitten hatte. Perikles machte es klüger. Er warf seinem verzagten Steuermann bey einer Sonnenfinsterniß seinen Ueberrock um das Gesicht her, und fragte ihn lächlend: was denn diese Finsterniß bedeute? Wie nun itzt keinem Menschen mehr über einer Mondsfinsterniß bange wird: so wird man auch aufhören, die Cometen schäl anzusehen, so bald das gemeine Volk eine hinlängliche Erkenntniß von ihm wird bekommen haben. Inzwischen wenn ihr eines Cometen ansichtig werdet: so bewundert bey so vielen und mancherley aufgeführten Schauspie-

len

len auf dem prächtigen Welttheater die Majestät und Herrlichkeit des Schöpfers —

o

Hier schied der gefällige Lehrer, und die Jünglinge setzten ihren Weg über ₍ ₎ ₎ nach M. fort. Als sie sich auf der fliegenden Brücke über den Rhein bringen liessen: so trat der gute Friedrich neben aus, um nach dem Bau dieser Brücke zu sehen. So bald der Schiffmann dieses gewahr wird: nimmt ihm derselbe den Huth, und die martialische Schildwache, die dabey stand, wollte ihn mit Gewalt zum Soldaten umbilden. Er wurde aber von einem ihnen unbekannten Herrn, der auf dem Schiff war, aus diesem Gewebe der Bosheit losgewickelt, und entkam glücklich. Ueber dieser widrigen Begegniß hatten die andern genug an dem schüchternen Friedrich aufzurichten. Er meynte gar, einen Theil der bösen Bedeutung des Cometen an sich zu finden. Sie vermochten ihn nicht zurückzuhalten, sondern er nahm seinen Rückweg auf dieser Seite des Rheins nach

nach seiner Heimat. Aber auch Carl wurde von Christian auf eine seltsame Weise getrennt. Sie giengen miteinander tiefer in Teutschland hinein. Es war ihnen nicht sowohl darum zu thun, auf ihrer Wanderschaft Geld zu verdienen, als sich vielmehr in dem Erlernten besser umzusehen, und zogen sich daher meistens nach grossen Städten. Sie überwinterten in B. In der Mitte des Frühlings setzten sie ihre Reise weiter fort; aber da war es auch, wo diese Herzensfreunde von einander getrennet wurden. Sie kamen nach etlichen Wochen an einem Morgen in einen langen Wald; darinnen sahen sie in einiger Entfernung zwey Herren stehen, welche groß und wohlgekleidet waren, und Gläser mit Wasser in ihren Händen hatten. Es war eben die Curzeit. Diese Herren näherten sich ihnen, begegneten ihnen sehr leutselig, und erkundigten sich nach allerley Umständen. Unvermerkt kamen sie an eine mit 6 Pferden bespannte Kutsche; die Herren setzten sich in dieselbe, und sagten zu Carln und Christian:

Ihr

Ihr Herren, ihr werdet müde seyn, setzet euch zu uns. — Unter währender tiefster Beugung, welche die beyde Jünglinge machten, nahmen zwey Bediente Carln unter den Armen, und warfen ihn in die Kutsche hinein; und Carl und Kutsche waren in einem Augenblick aus Christians Augen. Der bestürzte Christian verkroch sich ins Gebüsche, und ließ seinen Thränen freyen Lauf: Ach Carl! mein lieber Carl! die Wache des Höchsten begleite dich, wo auch deine Räuber dich hingeschleppt haben — wie glücklich bist du, Friedrich! daß du in dem Schoos der Aeltern vor gefährlichen Nachstellungen gesichert bist — Christian blieb bis an den Abend im Gebüsche, ohne diese ganze Zeit über von dem Brod, das er bey sich hatte, etwas zu genüssen. Er wurde von mehr Grillen verfolgt, als man in warmen Abenden von Schnacken umgeben ist. Jede Kutsche sah er als ein Gefängniß an. Nur die Landkutsche, die Abends noch bey ihm vorbeyfuhr, hielt er vor neutral. Er kroch herfür, und gesellete sich zu den Reisenden,

senden, die der Kutsche an dem lieblichen Abend nachliefen. Sie fragten Christian um die Ursache seiner Traurigkeit. Er erzählte sie. Sie lächelten, als er etwas von Carls ansehnlicher Person mit einfliessen liesse. Die Nacht ward kühl, und von dem Licht der Sternen hell. Wer der Landkutsche nachläuft, wird wegen übereiltem Lauf nie schwindsüchtig. Sie liefen ihr langsam nach, und belustigten sich an dem Pracht der Sterne. Sie sahen ein Sternschnuppen. Für was sehen sie das an? fragte Redlichstein, ein geschickter Student, der unlängsten die hohe Schule verlassen hatte. Ich denke, sagte der Kaufmann, diesem Stern sey der jüngste Tag erschienen. Christian sagte: bey mir glauben einige, ein Sternschnuppen bedeute den Tod eines Menschen. Wenn ein Stern vom Himmel falle: so sterbe ein Mensch. Diese letztere Meynung ist schon sehr alt, erwiederte Redlichstein; doch ehe ich ihnen meine Meynung hievon sage: so werden Sie (er wandte sich gegen den Kaufmann) ihrem Versprechen gemäß

uns

uns die glückliche Flucht des Königs Stanislaus aus Danzig erzählen. Der Kaufmann war dazumal in Danzig, als diese Stadt Anno 1734 von den Russen belagert wurde. Er thats, nachdem sie sich in die Kutsche gesetzt hatten.

Als Stanislaus einsah, daß sich die Stadt entweder an die Russen ergeben, oder sich in einen Aschenhaufen verwandeln lassen müßte: so gab er den Rath, daß man sich mit den Belagerern in eine Unterhandlung einlassen sollte. Als der Deputirte des Königs dem Senat diesen Vorschlag hinterbrachte: so sank einer von den Rathsherren plötzlich zur Erde, und gab seinen Geist auf, nachdem er schwindelnd noch die Worte gesagt hatte: Ach, ist es wahr, daß uns unser König verlassen will, wie wird es uns, wie wird es ihm ergehen! Stanislaus hatte kein anderes Mittel mehr übrig, als sich durch eine verdeckte Flucht zu retten. Allein, alle Wege und Ausgänge waren von den Cosaken auf das vorsichtigste besetzt, und alle Vorschläge, die man that, waren zwar gut gemeynt, aber gefährlich. Eine Polnische Gräfin

Gräfin war entschlossen, sich in eine Bäurin, Stanislaum aber in einen Bauern zu verkleiden. Einige Herzhafte erboten sich, sich mit ihm durchzuschlagen. Nach einer langen Ueberlegung wurden diese Mittel verworfen, weil das erste einem Frauenzimmer, und das andere vielen wackern Männern das Leben hätte kosten können. Der Französische Gesandte hatte einen andern Einfall. Er billigte es, daß der König die Person eines Bauern vorstellen sollte, weil man hoffen konnte, daß dieser Aufzug das wenigste Aufsehen machen würde. Man gab ihm drey Personen zu Gefährten mit, die, weil sie die schlechteste Aufführung hatten, eine vollkommene Bauerngesellschaft vorstellen konnten. Der König mußte über Moräste und über die Welchsel. Ein General, welcher Stanislaum ebenfalls in Bauernkleidern begleitete, verlohr sich schon den zweyten Tag auf dieser kümmerlichen Reise. Den Tag nach des Königs Flucht hörte man ein Freudenschießen im Rußischen Lager. Der Französische Gesandte in Danzig, der Marquis de Monti glaubte, daß die Be-

la-

lagerer deswegen frohlockten, weil sie den König gefangen bekommen hätten. Der Affect übernahm ihn dergestalt, daß er unvorsichtiger Weise laut ausrief: Ach GOtt! so ist der König gefangen! Diejenigen, welche diese Worte gehöret hatten, verbreiteten sie in der ganzen Stadt, und es fehlete nicht an heimlichen Spionen, welche die Nachricht, daß der König aus der Stadt geflohen wäre, in das Rußische Lager brachten. Die Russen waren also noch wachsamer, als vorher. Aber die Vorsichtigkeit Stanislai, noch mehr aber die Treue einiger geringer Leute, betrog sie. Der König blieb den ganzen Tag über ruhig in derjenigen Hütte, welche er in der ersten Nacht zu erreichen das Glück gehabt hatte. Beym Anbruch der Nacht aber setzte er seine Reise weiter fort, und kam, nachdem er mit grosser Beschwerlichkeit abermals einen Morast durchwadet hatte, an einen Fluß. Nachdem auch diese elende Nacht überstanden war: so kam der König in ein Bauernhaus. Mit dem größten Schrecken ward er gewahr, daß dasselbe mit Cosaken, die ihm aufpaßseten,

seten, angefüllet war, die sich darinn tapfer zutranken. Hier blieb dem vornehmen Flüchtling kein anderer Rath übrig, als daß er sich auf dem Boden versteckte. Seine Begleiter hingegen tranken mit denselben in die Wette, und redeten von den nichtswürdigsten Dingen. Die Wirthin, welche sich darüber wunderte, daß der eine Bauer an dieser lustigen Gesellschaft nicht Theil nahm, kam auf den Boden, und ließ sich deutlich merken, daß er ihr sehr verdächtig vorkäme. Stanislaus hatte unsägliche Mühe, dieses vorwitzige Weib zu befriedigen. Endlich gelangte man in der folgenden Nacht an den Weichselstrom. Weil aber kein Fahrzeug da war, so mußte Stanislaus abermal seine Zuflucht in ein Bauernhaus nehmen. Der Besitzer desselben rief alsbald beym Willkomm aus: Heh! was ist das? es ist gewiß der König Stanislaus. Dieser letztere antwortete ohne Bestürzung: ja, er ist es auch. Allein, ich sehe es euch an eurem redlichen Gesichte an, daß ihr viel zu ehrlich seyd, als daß ihr mich verrathen sollet. Dieses gute Zutrauen gefiel dem Bauern so

wohl,

wohl, daß er den König glücklich über die Weichsel brachte, nachdem er alle mögliche Behutsamkeit dabey angewendet hatte, weil die Cosaken äusserst wachsam waren. Nachdem Stanislaus durch den Dienst dieses Mannes glücklich über den Strom hinüber gekommen war: so bot er demselben eine Hand voll Ducaten an. Allein dieser Bauer dachte so edel, daß er dieses grosse Geschenk ausschlug, und sich nur ein paar Stücke davon zum Andenken ausbat. Noch war die Gefahr noch lange nicht überstanden: denn der König mußte durch viele Dörfer reisen, worinn Russen waren, die ihm auflauerten, und wenn seine Gefährten ihn verrathen hätten: so wäre er höchst unglücklich gewesen. Allein, so schlechte Leute sie auch waren (denn vornehme hätten keine Bauern vorstellen, und also auch nicht seine Erretter seyn können): so thaten sie es doch nicht. Und Stanislaus entkam glücklich.

Die Reisegesellschaft machte nützliche Anmerkungen hierüber, welche alle zum Preiß der Vorsehung ausfielen, da sie einen Menschen

zum Engel des andern schafft; besonders faßte auf diese Erzählung der niedergeschlagene Christian aufs neue den Entschluß, sich ganz der göttlichen Vorsehung zu überlassen, und seinem GOtt mit verbundenen Augen zu folgen.

Eine tiefe Stille entstund itzt in der Kutsche. Christian, der im Winkel der Kutsche saß, wußte nicht, was diese Stille zu bedeuten hätte. Er wollte den Kaufmann noch mehr fragen; allein man bat ihn, doch stille zu seyn. Redlichstein schlief. Es war Nachts um 12 Uhr. Bald flüsterten sie einander etwas in die Ohren, bald waren sie stille, und falteten die Hände.

(Die Fortsetzung folgt.)

Das achte Stück.

Von blauen Feuern, Feuermänngen oder Irrwischen, lechzenden Flammen, Sternputzen, fliegenden Drachen oder ziehenden Alp, fliegenden Funken, hüpfenden Ziegen, brennenden Balken, feurigen Kugeln und dem Donnerkeil.

Servius Tullius quamvis matre servâ creatus fuerit, — clarum fore, visa circa caput flamma promiserat.

Florus.

Fortsetzung.

Sie sahen blaue Feuer, welche eben so viele Geister und weiß nicht, was für Spielwerke des Teufels seyn mußten. Diese Feuermänngen,

wie sie sonsten auch genennet werden, waren bald
da, bald dorten; bald fuhren sie widereinander,
bald flogen sie ihrem Auge nach über Berg und
Thal weg. Einer aus der Reisegesellschaft erin:
nerte sich, daß ein Hochgericht in der Gegend
wäre, wo sich diese Geister tummelten. Hätte
er doch diese Entdeckung nie gemacht! Nun wird
es den Reisenden noch mehr bange, und der sied:
heisse Schweiß dringt häufiger aus seinen weiten
Löchern hervor, auch selbst der wohlerzogene
Christian bebt. Redlichstein erwacht und er:
staunt über die stille Seufzer, die ihm entgegen wir:
belten. Was ists, was ists, sind Räuber da?
schrie er taumelnd aus, und grif nach dem De:
gen. Um GOttes willen seyen sie stille, röchelte
noch der todtbange Simplicius heraus, sehen sie
doch dorthin : : Was ists denn, haben sie noch
keine Irrwische gesehen, noch davon sagen hö:
ren? erwiederte Redlichstein, kommen sie heute
erst zur Welt? diese feurige Erscheinungen sind
ganz natürlich. Sie bestehen aus einer Materie,
die aus der Erde ausdünstet, und sich nicht ent:
zündet,

zündet, sondern nur im Finstern leuchtet. Sie haben ja doch auch schon Johanniswürmgen, Faulholz, oder auch faule, fette Seefische gesehen. Ohnfehlbar ist dort ein sumpfigter und morastiger Ort, oder ein Schindanger, oder dergleichen etwas. Was ängsten sie sich vergebens? Wer Muth hat, komme mit mir, wir wollen auf diese Geister losgehen, und sie genau betrachten. Nein, das thue ich nicht, sagt Simplicius, ich weiß, daß man von diesen Geistern in Sumpf geführt und elendiglich mißhandelt werden kann; und fluchen und poltern mag ich auch nicht, ob man sie gleich, wie es heißt, damit vertreiben kann. Man kann sie freylich damit vertreiben, erklärt sich Redlichstein; denn wenn einer fluchet und poltert: so stösset er die Luft stark heraus, und macht mit Händen und Füssen einen Wind; eben, wie wenn einer in Furcht ist, und mit starkem Seufzen betet, er die Luft an sich ziehet, wodurch also auch das Irrlicht, wenn es nicht allzuweit von Einem ist, mit der zuschiessenden Luft näher herzugezogen wird.

wird. Es folgt der Bewegung der Luft, und ist eben so beschaffen, wie die Bewegung einer Blase von Seiffenwasser, die von der Luft hin und her gerissen wird. Es können daher wohl einige Zufälle Anlaß gegeben haben, daß man geglaubet hat, durch Beten würden die Irrlichter zu Einem gezogen, durch Fluchen aber vertrieben. Ueberdis weil sie sich an morastigen Oertern, auf Schindangern u. d. sehen lassen: so ist es kein Wunder, wenn diejenigen, so es für ein Licht im Dorf, oder für eine Fackel eines Reisenden halten, und ihm nachgehen, in Morast, auf den Schindanger u. d. geleitet werden. Wir wollen weder fluchen noch poltern, sondern diesen vermeynten Geistern herzhaft unter die Augen treten.

Auf diese Vorstellung entflohe die Furcht, und sie entschlossen sich, mit Redlichstein auf die Jagd der Irrwische zu gehen. Sie näherten sich dem Hochgericht, aber noch hinter demselben in einer geringen Entfernung, auf dem Schindanger trafen sie sie erst an. Redlichstein gieng so erhitzt auf sie los, daß er alle Augenblicke mit dem Stock wieder

der die Erde schlug, und damit das Irrlicht zu erlegen hoffte; eben als wären es Mäuse, welche sich vor den Stockstreichen in ihre Löcher verschliessen wollen. Er entfernte es aber nur destomehr damit; bis sie endlich mit langsamen Schritten einen Kreis geschlossen, einen Irrwisch erhascht, und bey der Annäherung des Tages gefunden haben, daß es bloß eine zähe, schlinzerichte und schwarzfleckigte Materie, etwa wie Froschleich sey. So vergnügt Redlichstein über seiner Robert Fluddischen Jagd war: so mißvergnügt war sie hingegen dem Kutscher, der nicht länger Halte machen wollte, und daher mit dem Knall seiner Geissel diese Jäger in ihren Bauer zurückrufte. Redlichstein machte noch verschiedene nützliche Anmerkungen hierüber, und nahm von den Irrwischen Gelegenheit, ihrer Aehnlichkeit halber von den lechzenden Flammen zu reden.

Die lechzenden Flammen brennen auch nicht, sondern leuchten nur. Man siehet sie an dem Haupt und Haaren von denen, so im Finstern gekämmt werden. Streicht man die Katzen: so
spritzt

spritzt eben diese Flamme weg. Blos die Ausdünstungen aus dem Leib der Thiere und Menschen leuchten; daß aber der Schweiß leuchten könne, siehet man aus der Verwandtschaft, in welcher er mit dem Urin stehet. Je mehr wir schwitzen, desto weniger Urin geht ab. Aus dem Urin aber wird der Phosphorus, der eine leuchtende Materie ist, durch Kunst bereitet. Dieses Feuer hat ehemals seine wundervolle Bedeutung in einem glücklichern Zeichen bekommen. Servius Tullius *) wird darüber König, und Seburg vom Galgen aus ein Heiliger. Jener war einer Magd Sohn. Da er noch klein war und schlief: so nahmen die Hausgenossen um sein Haupt eine Flamme wahr, welche aber verloschen, so bald man ihn aufweckte. Dieses hielte die Gemalin des Tarquinii Prisci, damaligen Königes, für eine wichtige Vorbedeutung. Sie ließ den Knaben königlich erziehen, und brachte ihm die Krone zu-

---

*) Florus Cap. VI.

zuwegen. Johannes Seburg **) war Anno 1524. königlich-Dänischer Secretaire. Die Geschichte schreibt ihm weder Verdienst noch Geburt zu; nichts destoweniger gieng er auf Stelzen, und sah mit Verachtung auf den Adel herunter, der damals grosse Macht, und das Recht in Händen hatte, einen König zu erwählen. Seburg gab sich alle Mühe, den Schloßvoigt in Copenhagen, Namens Torbenne, einen der größten Männer des Königsreichs, zu stürzen. So bald dieser die gefährliche Mine erfuhr, die ihm gegraben wurde: so bereitete er ihm eine Wolfsgrube zu, worinnen er das Leben lassen mußte. Der König Christiernus hatte die Schwachheit, an einem gemeinen Weibsbild, der Columbine, zu hangen. Spionen mußten den Eingang zur Columbine bewachen, und dem Könige Nachricht geben, wenn sie Geschmeißmücken merkten. Torbenne wußte

die

**) S. Reflexions d'un militaire fur l'utilité de la religion pour la conduite des Armées et le gouvernement des peuples. à Londres 1759. pag. 118.

die Spionen nach seiner Leyer zu stimmen, und durch sie dem Könige weiß zu machen, als hätte Feburg einen allzuvertraulichen Umgang mit der Columbine. Feburg mußte hangen. Torbenne selbst bekam den schmeichelnden Auftrag, das Todesurtheil an Feburg zu vollziehen. Der Kriegsknecht, der die Nacht darauf auf dem Wall der Vestung, dem Hochgericht gegenüber, die Wache hatte, bemerkte eine Flamme auf Feburgs Haupt, und er und andere hielten es um so eher für ein Mirakel, als sie in der Naturlehre blinde Maulwürfe waren. Der König sah es auch, und nahm es als ein untrügliches Zeugniß der Unschuld Feburgs an. Sein Leichnam wurde mit der größten Feyerlichkeit vom Galgen gehoben, und in der Hauptkirche zu Kopenhagen prächtig begraben; Torbenne aber an seiner statt gehenket, der hangen blieb, weil sein Körper dergleichen heilige Stralen versagte.

Nun, meine Herren! fuhr Redlichstein fort, will ich etwas nicht nur von bloß leuchtenden, sondern auch von feurigen Lufterscheinungen sagen,

gen, und mich hüten, daß ich sie nicht von einem Sumpf in den andern, gleich den Irrlichtern, führe, und Hypothesen auf Hypothesen häuffe, sondern : : Was sagen sie? fiel Bav, ein Metaphysiker, der auch in einer Ecke der Kutsche saß, ein; reden sie das auf die Metaphysik? ich werde mich derselben äusserst annehmen. Redlichstein, der die Reisegesellschaft auf seiner Seite hatte, ließ sich durch diesen unvermutheten Angriff nicht irre machen, sondern setzte seine Rede gelassen fort: Sie wissen, meine Herren! daß, da wir gestern vor Anbruch der Nacht der Landkutsche zu Fuß nachliefen, ein Stern vor uns hinschoß, welches man ehedem darum ein Sternputzen nannte, weil man glaubte, es habe sich ein Stück von einem Stern losgerissen, welches feurig auf die Erde herunter falle; wie wenn eine Lampe mit Oel zu viel angefüllet wird, etwas feuriges davon hinwegspringt. Es entsteht aber ein Sternputzer, wenn schwefelichte Dünste in unserer Luft sich entzünden. Sie sind eine gewisse Art von Blitz, und müssen nach der Seite wegschiessen,

weil

weil sie wegen der obern und dünnern Luft nicht in die Höhe, und wegen der untern dicken Luft nicht herunterwärts kommen können. Der Aberglaube hat die tolle Meynung auf die Bahn gebracht, daß bey der Geburt eines Menschen ein neuer Stern an den Himmel gesetzt werde; je nachdem er leuchte, so sey das Schicksal des Menschen beschaffen. Er werde reich, wenn der Stern schön glänze; arm aber, wenn er nicht viel glänze; er sterbe, wenn sein Stern vom Himmel falle, u. d. Diese Meynung hat schon Plinius *) ausgezischt, ich will mich dabey nicht aufhalten.

Der fliegende Drache oder ziehende Alp, die fliegende Funken, die springende oder hüpfende Ziegen, die brennende Fackeln und Balken sind
an

---

*) Hist. Nat. Libr. II. Cap. VI. inquit: Sidera, quæ affixa dicimus mundo, non illa, ut existimat vulgus, singulis attributa nobis, et clara divitibus, minora pauperibus, obscura defectis, ac pro forte cuiusque lucentia adnumerata mortalibus, nec cum suo quæque homine orta moriuntur, nec aliquem extingui decidua significant. Non tanta cœlo societas nobiscum est, ut nostro fato mortalis sit ibi quoque siderum fulgor.

an sich einerley, und bekommen eine ohngefähre Figur, nachdem die Menge der ausgedünsteten Materie oder der Widerstand der Luft es mit sich bringt. Die brennenden Kugeln oder Feuerballen, die man öfters vom Himmel fallen gesehen, und schon, wie der Blitz angezündet haben, sind ein Klumpen, der aus schwefelichten und andern dazu gekommenen Materien bestehet, der, wenn das Feuer sich zertheilet und von einander fähret, das Ansehen einer zerspringenden Bombe hat. Dem fliegenden Drachen haben die Unverständige viel seltsames angedichtet. Er ziehet sich gerne gegen die Schorsteine. Die Schorsteine aber sind die engen Pässe, durch welche die Hexen und Unholden defiliren müssen, wenn sie auf den Heuberg, Blocksberg, oder auf die Kreuzstrassen kommen wollen. Näherte sich nun der Drache einem Schorstein: so konnte dieser niemand anderst, als der Teufel seyn, der vor demselben die Hexen in seine Suite nehme; daher ehemals der Zuschauer den Drachen nicht ohne Zittern und Beben wahrnahm. Aeusserst verdächtig

tig aber war der Inwohner des Hauses, gegen dessen Camin der Drache sich zog. Er mußte mit zu den irregulairen Trouppen des Teufels gehören, und zum Scheiterhaufen zeitig seyn. Heil dem Thomasius, dem ersten Helden, der Muth und Einsicht genug hatte, die Scheiterhaufen umzustürzen, die man für arme Männer und Weiber erbauet hatte, wenn diese so unglücklich waren, alt und triefäugig zu seyn. Welche Zerrüttung hat nicht der Aberglaube von je her angerichtet? In der Finsterniß triumphirt er noch immer. Der gemeine Mann, der sich was gefährliches bey den ermeldten Lufterscheinungen einbildet, wird so lange dafür erschrecken, als er die natürlichen Ursachen davon nicht weiß; hingegen aufhören, einem bösen Geist ein solches Feuerwerk zuzuschreiben, so bald er ins Klare siehet.

Morgens um 10 Uhr erreichte die Landkutsche die Stadt, wo sie über Mittag zu bleiben gewohnt ist. Christian hatte nicht mehr so viel Geld im Feutel, als ihm nöthig war, um den Aufruhr des Magens zu befriedigen. Den Paß und etwas

vom

vom Gelde, welches dem Christian zugehörte, hatte Carl bey seiner Hinwegnehmung bey sich. Er mußte sich daher um einen Zehrpfennig umsehen. Man zeigte ihm das Haus eines Materialisten, der als ein christlicher Mann beschrieben wurde, und man ermunterte ihn, ihm seine Umstände kühnlich zu entdecken. Christian trat mit kühner Sittsamkeit in das Haus seines vermeynten Gutthäters. Der Materialist hörte seinen Vortrag aufmerksam an, bewegte seinen kleinen dicken Körper vor- und niederwärts, und zog die Augenlieder seines rothen Antlitzes bald in die Höhe, bald wieder herunter; er zuckte zuweilen mit Achseln, und ließ aus seinem Munde manches hum im brummenden Ton hören. In einem Cabinet saß ein Officier von der Besatzung, welcher ein Gläslein Rossolis nebst einem Stück Torte vor sich hatte. Mein Freund! habt ihr einen Paß? fragte der Materialist mit einer Geberde, die dem hochmüthigen Mitleiden eigen ist, und mit einer Stimme, die durch ihre gezwungene Langsamkeit eine kluge Vorsichtigkeit eines

K 4   Obern

Obern gegen die Untern zu erkennen gab. Die letzte Sylbe dieser Frage ward mit dem Ton der auf dem Boden klappernden Absätze des Fragenden begleitet. Aus pflichtmäßiger Ergebenheit gegen die obrigkeitliche Verordnungen flüsterte er dem Officier einige Worte ins Ohr, welcher darauf mit der Mine eines Befehlhabers den armen Reisenden zu sich rief, ihn ausfragte, und endlich ihm ankündigte, daß er in die Wache müßte; ließ auch durch die Ordonnance sogleich die Wache herbeyrufen. Diese kam, nämlich ein Unterofficier und zwey Mann, die von einigem Volk begleitet wurden. Christian hörte die fürchterliche Worte aus dem Munde des Officiers: Burschen, nehmt diesen Kerl in Arrest. Christian rief Himmel und Erde zu Zeugen seiner Unschuld an; allein der Materialist überstimmte ihn mit dem pflichtmäßigen Beyfall, den er dem Officier gab. Christian mußte sich gefangen geben, und konnte kaum erhalten, daß man ihm die Arme frey ließ. Die Reisegefährten wurden durch den Lärm ans Fenster gezogen, und sahen mit Erstaunen ihren

Ge=

Gesellschafter fortführen. Sie eilten herunter und traten in das Haus, wo der Officier mit der Mine eines Siegers noch ein Glas Aquavit forderte. Sie bezeugten die Redlichkeit des Gefangenen, und der Kaufmann erbot sich, aus der Stadt einen Bürgen für ihn zu stellen. Allein der Materialist zuckte die Achseln, wackelte stillschweigend hin und her, schnupfte eine Prise Taback, und wies endlich diese Freunde an den Officier, welcher sich rund heraus erklärte, weil der Kerl keinen Paß hätte: so wollte er ihm die Trommel anhängen. Nachdem ihn seine Freunde nicht los machen konnten: so eilten sie ihre Reise fortzusetzen, und bedauerten sein Unglück. Es besuchte aber ein anderer Officier den, der die Wache hatte; er ließ den Christian vor sich kommen, und hörte seine Geschichte an, die der Gefangene mit einer Freymüthigkeit erzählte, die der Unschuld wohl ansteht. Kurz, er nahm sich seiner an, und redete dem die Wache habenden Officier so lange zu, bis dieser ausrief: Schurke, so lauf zum Henker. Sein Beschützer aber rief ihn

ihn an sich mit den Worten: Mein Sohn, da hat er was auf die Reise, thu er sich was zu gute, und druckte ihm 2 harte Thaler in die Hand. Christian wünschte ihm mit Thränen tausend Segen, und eilte ungegessen zum Thore hinaus. Er hatte die Vorsichtigkeit, früh sich allemal nach den Oertern, die auf dem Weg lagen, und wo das Nachtquartier seyn würde, zu erkundigen. Vor dem Thor fragte er einen ihm begegnenden Bauren nach dem rechten Weg bis an den Ort, den er ihm benannte. Der Bauer legte beyde Arme kreuzweis übereinander, und sagte: gaht dahenn, edder dahenn, gaht allerwehn recht. Man siehet hieraus, daß sie in Pommerischen Landen gewesen seyen. Dieses Bezeugen verdroß ihn, er sagte dem Bauren die Wahrheit. Dieser fieng an zu schimpfen, und unser Pilgrim, dem die Galle überlief, fieng an zu schlagen. Zu seinem Glück war der Bauer wohl gemästet, daher konnte er den ausgehungerten Flüchtling nicht mit Nachdruck verfolgen, er mußte die empfangenen wohlverdienten Schläge ungerächet be-

behalten. Ein Reisender ist eine heilige Person, wer sich an demselben vergreift, verletzt alle Pflichten des Menschen mit einemmal.

Christian ist damit noch nicht allen Widerwärtigkeiten entgangen. Es thürmte sich ein Gewitter am Horizonte auf, dessen gefährlichen Wirkungen er zu entgehen eilete. Der Donner ließ sich immer näher hören, und Blitze fuhren häufiger daher. Er erreichte nicht das Dorf B. ohne noch von einem mit Schloßen vermischten Regen getroffen zu werden; doch hatte er hiebey diesen Vortheil, daß er in diesem Dorf seine Reisegesellschaft antraf, welche daselbst so lange sich aufhielt, bis das Gewitter vorbeygegangen ist. Christian erzählte seiner Gesellschaft die traurige Geschichte, die ihm begegnete, und gestand, daß ihm das grobe Verfahren des Bauren beynahe noch mehr verdrossen, als des Materialisten. Denn da er in einem ganz fremden Land gewesen; da er den Augenblick Schimpf und Gefängniß ausgestanden, und ihm der leere Magen auch nicht viel Gedult geprediget hätte: so sey ihm die Galle völlig übergelaufen. —

Die Landkutsche mußte ihren Weg an einer Eiche vorbeynehmen, welche vom Blitz zerschmettert worden. Christian und andere schnitten von dem ihrer Meynung nach durch den glüenden Donnerkeil geschwärztem Holze einige Späne ab, um im Fall entstandener Zahnschmerzen sich damit Hülfe zu verschaffen; denn der Aberglaube hat die grundlose Meynung in Gang gebracht, daß, wenn man mit einem von der Gewittermaterie inficirten Holz zwischen die Zähne steche: so werde man von diesem Wehe los. Gesetzt, es hätte sich an ein solches Holz etwas von der Wettermaterie angehänget: so wird es doch nicht lange damit inficiret bleiben. Kommt aber das Wehe von einem zwischen den Zähnen stokkenden Geblüte her: so mag man von einem Holzschlegel einen Zahnstocher abschneiden, und sich gleiche Wirkung versprechen.

Ueberdis wer einen Donnerkeil im Hause habe oder bey sich trage, solle dadurch für dem

Don=

Donner gesichert seyn. Und wenn man den Kühen die Euter damit bestreiche, oder sie durch das Loch der Donnerkeile melke: sollen sie die durch Zauberey verlorne Milch wieder bekommen. So bald man gründlich beweisen kann, sagte Redlichstein, daß es wirklich Donnerkeile, oder, wie man sie auch nennet, Donneräxte und Stralsteine gebe, welche aus dem Sediment des Regenwassers, aus Salpeter und Schwefel entstehen, und durch den Blitz im Augenblick zu einem Stein gehärtet werden sollen: so will ich noch mehr als nur die angeführte Wirkung zugeben. Allein man versuche es, und streue ermeldte Stücke auf einen Tisch hin, man zünde sie an, und sehe, ob ein Stein herauskomme. Wo will man aber diese Materien so häufig in der Luft beyeinander finden, daß daraus ein nicht kleiner Stein werden könnte? ich halte, man werde in einem grossen Raum kaum so viel dergleichen Dünste zusammen finden, als zu einem Stein von einem Vierthel Pfund nöthig sind. Wenn sie häufig beyeinander wären: so könnten sie von der Luft nicht

un-

unterſtützet werden, ſondern müßten zu Boden fallen. Es iſt freylich ſchwer zu begreifen, wie eine
bloſſe Flamme ſolche entſetzliche Wirkungen hervorbringe. Wer aber einmal geſehen hat, wie der
bloſſe electriſche Blitz ein dickes Chartenſpiel, Holz,
Bley u. d. durchlöchere, der wird leicht vom ge-
ringeren aufs gröſſere ſchlieſſen können. Der
Blitz behält ſeine Kraft, die Luft, wo er durch-
fährt, zu erhitzen und zuſammenzudrücken, mithin ihre ausdehnende Kraft zu vermehren, ſo lange die Flamme beyeinander bleibet, und ſich nicht
zertheilen kann. Es gibt durchaus kein Mittel,
ſich vor dem Blitz ganz ſicher zu ſtellen, wollte
man ſich auch mit Donnerkeilen oder Lorbeerblät-
tern zudecken, oder ſich in die Haut von einem
Meerkalb einhüllen. Schläget nicht auch der
Blitz in Italien in die Lorbeerbäume? Schmelzet
er nicht die Degenklingen, ohne die Scheide zu
verletzen? Würde man nicht die Pulvermagazine
mit meerkalbernen Häuten zu bedecken Anlaß nehmen, wenn hiedurch der Blitz abgetrieben würde?
In Naturalienkammern werden zwar ſolche Don-
ner-

nerkeile gewiesen, wodurch mancher in der Meynung vom Donnerkeil nicht wenig gestärket wird. Die meisten aber dieser Steine sind nichts anders, als Kieselsteine, Schwefelkies, Steinzungen, oder der Lasurstein, welches ein Edelstein von vortreflich hoher blauer Farbe, dabey dunkel und mit Goldstäubgen, oder mit silbernen und gülbenen Adern durchlaufen ist. Dis einzige, daß sie so glatt sind, und in der Mitte ein Loch haben, gibt genug zu erkennen, daß sie nicht von ohngefähr in der Luft erzeuget, sondern von Menschen also zubereitet worden —

Christian blieb in St. Sein Geldbeutel versagte ihm seinen Dienst, und war im letzten Viertheil. Wenige Wochen stand er in Arbeit, als auch auf die jungen Leute, die in Handwerkern arbeiteten, eine Auflage von einem Gülden wegen fortwährendem Kriege geleget wurde. Dieses brachte sie in Gährung, daß sie sich entschlossen, nimmer zu arbeiten, und rotteten sich zusammen. Der Commandant ließ durch Soldaten die jungen Leute, die in Haufen beyeinander stunden, aufs Stadthaus führen. Christian wurde auch in diesen

diesen Strudel gerissen, so wenigen Antheil er für sich daran nehmen wollte. Ein Soldat, der dem Haufen zur Seite gieng, winkte ihm lächelnd zu. Christian wußte nicht, was dieser Wink zu bedeuten hätte, und hielte es für eine Verspottung, er schlug daher die Augen nieder. Bey wiederholtem Anschauen bekam er gleichen Wink; allein ob er gleich dem Soldaten recht in die Augen sah, und ihn genau betrachtete: so konnte er doch dieses Räzel nicht entziferrn; jedennoch drang er sich näher zu dem Soldaten hin, welcher ihn mit seinem Namen rief. Christian erstaunte, und wußte nicht, wer ihn in so weiter Entfernung von seinem Vaterlande kennen sollte, ob ihm gleich die Stimme bekannt zu seyn schien. Er dachte hin und her, wer es doch wäre. Der Soldat sagte ihm ins Ohr: wenn sie zu jener Ecke der Strasse, die er ihm wieß, kommen würden: so wollte er ihm Platz machen, daß er hinter ihm ausweichen könnte. Itzt erkannte ihn Christian, frohlokkend erkannte er ihn. Es war sein Carl.

Das

Das neunte Stück.

Von dem Bleygießen der Dirnen in der Christnacht.

In amore hæc omnia insunt vitia.
Terentius.

Wir nähern uns den heiligen Weihnachten. Der Christ stehet in der grösten Verbindlichkeit, alle seine Kräften zum Preise des grossen Weltheylandes anzuwenden, und diese heilige

heilige Zeiten zur dankbarsten Erinnerung und zum Wachsthum in der Erkänntniß JEsu zu gebrauchen. Selbst ein grosses Chor der Engel lobte GOtt bey der Geburt des HErrn, und wünschten den Menschen Glück zu solchen Wohlthaten des Himmels. Sie sahen die Güte des Schöpfers in Erlösung der Welt, und erstaunten in heiliger Verwunderung über die Gnade des Vaters gegen die verdammte Kinder. So geschäfftig aber die himmlische Heere bey der Geburt JEsu gewesen, den, der ewiglich lebet, zu verherrlichen: so träge sind hingegen viele unter den Christen dazu, und wenden wol gar die heiligsten Zeiten zu Ausübung der schwätzesten Bosheit, oder abergläubischer Thorheiten, oder doch kindischer Tändeleyen an. In der vermeinten Stunde der Geburt des Heylandes beschwört man den Teufel zu einem Geld-Vorschuß auf Unkosten seiner Seele, wovon die Jenaische Begebenheit zeuget. Man gräbt Schäze, weil man glaubet, in diesen Zeiten seyen den Geistern, unter deren Aufsicht die Schäze wären, die Hände

ge-

gebunden, und beschwöret sie. Die mannsüchtige Dirnen sezen Salzhäufgen und giessen Bley, um das Gewerb ihres künftigen Ehemannes zu erfahren. Sie erwählen auch hiezu den heil. Andreas-Abend, welcher ihr Patron ist, und ihnen einen Mann solle bescheren können. Der neugierige Weinhändler füllet die Fässer mit Wein auf, um von seinem Steigen und Fallen auf die Güte und Menge des Weins im nächsten Jahr zu schliessen. Der Korn-Jude thut ein gleiches mit dem Korn. Er füllet zwölf Gefässe mit Korn an, und bestimmet aus dem Zu- oder Abnehmen des Maases in denselben den Preiß der Früchten in jeglichem Monate. Man höhlt zwölf Zwibel aus, und streut in das Ausgehöhlte etwas Salz; in welchem Zwibel nun Wasser befindlich ist: so zeiget das an, daß der Monat, der diesem Zwibel zuvor angewiesen worden, naß seyn werde. Ist aber in dem Zwibel kein Wasser; so werde der Monat trocken seyn. Die Aeltern rauben sich und ihren Kindern die festliche Andacht, wenn sie den Morgen des Christtages mit kindischen Tändeleyen verderben. Das neue Jahr ist nicht glücklich, wenn man nicht in der Neujahrs-Nacht zwischen 12 und 1. Uhr ein Fusbad anstellet. In dieser Stunde wird auch die Wahrsagerey aus dem Coffee fürgenommen. Der Bauer umwindet seine Obstbäume an dem Neujahrs-Tage mit einem Strohseile, und zwar ohne ein Wort zu reden, wenn anderst seine Bäume den folgenden Sommer Früchten tragen sollen. Und welche Thorheiten werden noch in diesen heiligen Zeiten verübet! — — Nun etwas

Von der Bleygiesserey.

Philandrie, die Tochter eines reichen Kaufmanns, war unglücklich genug, eine Mutter zu haben, welche eher sich wehe gethan, als ihre Tochter mit einem drohenden Wort zu kränken. Sie gesellete ihr eine abgefeimte Magd, die Brigitta, zu, die durch ihre schmeichelhaften Worte das Herz der Mutter und Tochter fesselte. Der Vater unterstand sich nicht mehr aus Liebe zum Haus-

Hausfrieden weder seiner Ehefrau noch seiner Tochter ernstliche Lehren zu geben, und ließ sich kaum so weit heraus, daß es die Mutter zu verantworten habe, wenn die Tochter in Ausschweifungen geriethe. Wo Brigitta eingenistet hat: da bleiben Ausschweifungen nicht aus, und Philandrie erfuhr durch sie die Bestimmung ihres Geschlechts bälder als es rathsam war, und — Kurz, die Mutter hielt für nöthig, daß Philandrie je eher je lieber zum heil. Abendmal gehe, damit sie desto eher darauf bedacht seyn könne, sie zu verheurathen; denn sie hatte von dem heil. Abendmahl weiter keinen Begriff, als daß es eine Sache sey, die man thun müsse, um nicht mehr von andern Leuten als ein Kind angesehen zu werden. In dieser Absicht machte man Anstalt, daß sie den nöthigen Unterricht eines Predigers genießen könnte, der sie zum heil. Abendmahl vorbereiten sollte. Dieser Prediger war ein gewissenhafter Mann, und nachdem Philandrie einige Tage sich unterrichten ließ: so nahm er Gelegenheit mit dem Vater zu reden, und ihm zu sagen, daß er seine Tochter sehr unwissend befinde. Den Vater verdroß dieses, er verbarg aber seinen Unwillen, und sagte: das Mädchen ist zu blöde, es weiß es zwar, aber es kann nur nicht antworten. Die Mutter aber schalt auf den guten Mann, als verlange er, ihre Tochter solle eben so viel wissen, als er. Unterdessen war der Prediger ein ehrlicher Mann, und ließ sich die Mühe nicht verdriessen, die Philandrie eine geraume Zeit zu unterrichten, bis sie alle Fragen, welche den Kern der Theologie in sich enthielten, beantworten konnte. Da nun der gute Mann kein Herzenskundiger war: so konnte er nicht wissen, daß Philandrie entweder nichts bey ihren Antworten dachte, oder lauter närrisches Zeug im Kopfe hatte, und daß sie nur die Worte, die er ihr zwanzigmal vorgesagt hatte, nachspreche. Er erklärte sie also für tüchtig, zum heil. Abendmahl zu gehen, band aber den Aeltern aufs nachdrücklichste ein, daß sie ja ihre Tochter zu weiterem Lernen fleissig anhalten möchten. Die Mutter versicherte von neuem, sie habe in

ihrer

ihrer Jugend so viel nicht lernen dörfen, als der Prediger von ihrer Tochter verlange, und die neuern wollten immer klüger seyn, als ihre Vorfahren. Sie gab Philandrie ein Communionsbuch und sagte: hier hast du alles, was du thun must, wenn du zur Beicht und Abendmahl gehen willst. Siehe, diese Gebete must du lesen, und diese. Hierauf unterrichtete sie dieselbe, wie sie sich kleiden müsse; was für Reverenzen sie machen müsse; sie müsse fasten u. s. w. Philandrie hatte keinen Begrif durch den Unterricht des Predigers empfangen; allein den Unterricht ihrer Mutter faßte sie bald. Sie dachte beständig an das neue Kleid, welches sie zum erstenmal anziehen sollte. Den Sonnabend nach der Beicht brachte sie mit Zubereitung ihres Puzes zu, und das Abendmalgehen verrichtete sie dergestalt, daß sie an nichts weiter gedachte, als dasjenige zu beobachten, was ihr ihre Mutter gesagt, und an das, was die Leute von ihr und ihrem Puz sagen würden. Seit dem geht sie zum heil. Abendmal, wenn sie ihr Calender daran

an erinnert. Sie fängt des Freytags, so spät als es möglich ist, an, ernsthaft und murrisch auszusehen, und ihre Beicht in der Stille sich zu überhören, und dann sieht sie murrisch aus bis den Sonntag Abend, worauf sie wieder die vorige Art der Aufführung annimmt. Traurige Begriffe von dem Genuß des heiligen Abendmals!

Nunmehr dachte die Mutter mit Ernst an die Verheurathung ihrer Tochter. Sie redete fast täglich davon, und sie schafte nach und nach verschiedene Sachen zur Ausstattung ihrer Tochter an. Philandrie dachte an nichts, als ans Heurathen. Brigitta brachte ihr beständig hundert angenehme Nachrichten. In der Christnacht gos sie Bley und nahm noch andere Wahrsagereyen vor, und Philandrie war sehr erfreut, wenn Brigitta weissagte, daß sie in dem Jahre werde Braut werden. So verflossen viele Jahre, ohne daß sie Braut worden wäre, zum untrüglichen Beweis, daß es um die Bleygiesserey, so sehr solche im Schwang geht, Thorheit sey. Philandrie stand des Tages öfters an den Fenstern,

und

und des Abends an der Thüre. Brigitta unterhielte sich mit ihr von den vorübergehenden, und brachte ihr nach und nach Grüsse. Endlich geschah es auch, daß Jünglinge sie anredeten. Sie glaubte alles, was man ihr sagte, und war bereits in aller Leute Mund, und sie wußte es nicht. Dadurch liessen sich alle Freyer abschrekken, welche dem gemeinen Ruf nach sie für eine liederliche Schwester halten mußten. Der Vater merkte die Mißtritte seiner Tochter, und stellte ihr vor: Ein junges Frauenzimmer ist nie reizender, als wenn sie sich überall eingezogen hält. So lange sie den Mannspersonen den Zugang verwehrt, wird sie der Hochachtung derselben gewiß seyn, folglich wird sie nicht ohne Mann sterben; allein so bald sie ihre Neigung zum andern Geschlecht entdeckt, und durch beständiges Ligen am Fenster oder Abendgespräche an der Hausthüre zu verstehen gibt, daß sie zu haben sey: so bald bringt sie sich selbst um ihren guten Namen — Hier fiel die liebe Mamma in die Rede, und wieß diesen Sirach zu Ruhe — Philandrie hat bereits 40 Jahre im ledigen Stand zurückgelegt, und ist nun die Satyre der Stadt.

Man müßte die Rocken-Philosophie wol inne haben, wenn man nicht nur alle ihre lächerlichen Säze wissen, sondern auch die Gründe derselben anzuführen, im Stande seyn wollte. Es ist schwer zu errathen, wie das flüßig gemachte Bley zu einem solchen Ansehen gestiegen, daß, indem es in Wasser gegossen und dadurch in viele Theile aufgelößt worden, die daher entstandene Figuren anzeigen sollen, was der vorgegebene Bräutigam der Dirne, die in der Christnacht Bley gegossen, für ein Handwerk treiben werde. Dem Bley hat das Alterthum nie keine vorbedeutende Kraft beygelegt, wie z. E. den Zahlen, dem Geschrey und Eingeweyden der Vögel u. d. und in der Alchymie hat es das Zeichen des Saturns; Saturnus aber ist ein kalter Schaz. Ohnfehlbar sah eine mannsüchtige Dirne Bley in Wasser giessen. Nun ist bey diesem leichtgläubigen

bigen Volke nichts, das nicht seine Bedeutung hätte. Sie betrachtete die Figuren um so aufmerksamer, je mehr sie ihrer Hofnung schmeichelten. Sie trug anfangs nur im Scherze den Vorgang in der nächsten Kunkelstube vor. Es fand Beyfall, und die Creditive dazu wurden ausgefertiget. Das ist Zweifels ohne der Ursprung des Bleygiessens, welches bey Leuten, die eine leere Hirnschale haben, in ausserordentlicher Achtung stehet.

Es geht ganz natürlich zu, daß in solchem Fall das Bley mancherley Figuren bekommt. Das Wasser, so flüßig es ist, hat doch die Kraft, den festen Körpern bis auf ein gewisses Maas zu widerstehen. Das Bley wird durch die Hize flüßig und dadurch fähig gemacht, zerschiedene Figuren anzunehmen. Fällt nun siedendes Bley auf kaltes Wasser: so trift es einen Widerstand so wol in der plötzlichen Ausdehnung der Luft, als besonders in den einigermassen festen Theilen des Wassers an; es muß daher nachgeben, und sich formiren lassen. Es bekommt aber das Bley

man

mancherley Figuren, weil weder das Bley immer einerley Grad der Hize und Flüßigkeit, noch auch das Waſſer immer einerley und gleich viele feſte Theile zum Widerſtand hat. Deſſen ohnerachtet ſetze man zwey Töpfe, und fülle ſie mit Waſſer aus Einem Gefäſſe. Man gieſſe in einer und eben derſelben Minute aus Einem Gußlöffel die Helfte des zerſchmolzenen Bleyes in den einen Topf und die andere Helfte deſſelben in den andern gleich nacheinander; Eine Dirne ſoll es mit der gröſten Achtſamkeit thun: ſo werden doch die Figuren in den beyden Töpfen nicht einerley, ſondern ganz verſchieden ſeyn. Kommen aber hiebey verſchiedene Figuren herfür: wie können ſie einerley vorbedeuten, und die geſuchte Vorbedeutung richtig ſeyn? Zwar die Nagelſchmidin S. goß auch Bley in ihrem ledigen Stande, und es erſchienen viele kleine Nägelgen. Dieſe Erſcheinung iſt die gemeinſte, und man wird bey nahe bey einem jeden Bleyguß ins Waſſer Figuren antreffen, die den Nägeln gleichen. Was aber Philandrie für Figuren

ren in ihrem gegoſſenen Bley geſehen habe, das verſchweigt die Geſchichte als unerheblich, um ſo mehr, als ganz nichts davon in die Erfüllung gieng. Die meiſte Schwierigkeit aber entſtehet in der Auslegung dieſer Figuren ſelbſt. Eine jede Sibylle hat ihre beſondere Hermenevtik, welche auf keinen gewiſſen Regeln beruhet, ſondern ihren Grund in der Phantaſie oder Neigung und Wunſch der Wahrſagerin allein hat.— Wo Eingezogenheit iſt und Gottesfurcht herrſchet, wo Einſicht und Fleiß in weiblichen Geſchäften ſich äuſſern: da wird man mit Gelaſſenheit auf den Wink der Vorſehung warten, und nicht Urſache haben, mit ſeinem Schickſal unzufrieden zu ſeyn.

Nachricht aus dem Reiche des Aberglaubens.

Die Ahndung.

Jungfer Maxel, meine Freundin, lag in dieſen langen Winternächten in einem leichten Schlaf,

Schlaf, und hörte einen dumpfen Fall. Sie wird hierüber ganz wach und seufzet: ach, was bedeutet das? wer wird wieder aus unsrer Familie sterben? Charlotte, hast du den Fall auch gehört? Nun so schweige doch, sprach die männliche Charlotte, und schlaf, laß fallen, was nicht nagelvest ist. Beym Eintritt des folgenden Morgens in die Küche sah man den Küchenschrank halb offen, und aus den schmuzigen Merkmalen, die die Haustreppe aufwiese, schloß man überzeugend, daß die verwünschte Kaze mit dem knochigten Rest eines Hammelschlegels die Treppe hinunter gerumpelt ist.

Das

Das zehende Stück.

Von den Zwölfen.

Und wie es wittert an diesem Tag,
So soll es wittern, als ich dir sag,
An seinem Monat, der ihm zugehört,
Welches folgend ganz klärlich wird.

Unter den Zwölfen verstehet man die zwölf Tage und Nächte, die sich mit dem ersten Christtag anfangen. Daß diese Tage bey dem gemeinen Volk in grossem Werth sind, ist bekannt genug. Ich habe aber vor meinen Theil noch
keinen

keinen Grund gefunden, warum man diesen Tagen vor andern einen Vorzug gönnet. Von der Christnacht geben die abergläubische Verehrer noch einige Ursache an, warum sie solche hoch, halten. Sie glauben, daß in dieser Nacht dem Teufel die Hände gebunden wären, und daher pflegen die Geisterbanner und Schatzgräber diese Nacht zu ihren leichtfertigen Verrichtungen zu gebrauchen. Mit eben dieser Nacht fieng bey den Persianern das Knoblochsfest vor Zeiten an, da sie Knoblauch gegessen, auch andere Mittel gebraucht, um den Teufel zu bannen, und von den Besessenen zu vertreiben. Die Christen haben in allwege Ursache, diese Nacht hochzuhalten, nur entferne man davon den Aberglauben, der, gleichen folgende sind:

Erstlich wenn man aus der Witterung in denselben von der Witterung des ganzen Jahrs urtheilet, also daß der Christtag den Märzen, der Stephans-Tag den April und so weiter fort bedeuten. Man vermuthet in die
sen

sen Tagen eine besondere Stellung der Gestirne, und glaubt daher auch, daß die Calender lediglich in diesen 12 Tagen gemacht würden, weil man in denselben an dem Lauf der Gestirne sehen könne, was vor Wetter das ganze Jahr durch sich ereignen werde; welches alles grundfalsch ist. Andere Völker unterhalten eben diesen Aberglauben auch, welche doch ganz verschiedene Calender und Zeitrechnungen haben, indem einige nach dem Julianischen, andere nach dem Gregorianischen Calender die Zeiten bestimmen; Mithin muß wenigstens ein Theil unrecht daran seyn.

Wolff *) untersucht ebenfals diese angenommene Witterungs-Regel, und sagt davon so: Man will aus der Witterung in der Christnacht von der Witterung des ganzen Jahrs, ja gar daraus,

---

*) Vernünftige Gedanken von den Absichten der natürlichen Dinge S. 231.

aus, daß der Christtag entweder auf einen Sonntag oder einen andern Tag in der Woche fällt, von veränderlichen Witterungen das folgende Jahr über urtheilen. Hieher gehöret ferner die Regel von den zwölf Tagen und zwölf Nächten von dem Christtag an gerechnet, daraus man von der Beschaffenheit der zwölf Monate des folgenden Jahres prognosticirt. Z. E. daß der Christtag in Sonntag fällt, soll einen warmen Winter, starke Winde, viel Ungewitter, einen lieblichen Frühling, heissen und trocknen Sommer, feuchten und kalten Herbst bedeuten. Da die Witterungen ihre natürliche Ursachen haben, daraus sie entstehen; unter diese aber der Christtag, und daß er auf diesen oder jenen Tag in der Woche fällt, keineswegs gehört: so siehet man leicht, daß der Aberglaube an diesen Regeln theil nimmt. Und es lässet sich auch wol begreifen, wie die Menschen durch Aberglauben zu dergleichen Regeln haben können gebracht werden. Der Christtag fällt zu Ende des Jahres, da sich der Landmann,

dem

dem an der Witterung gelegen ist, erinnert, ob er diesesmal ein gutes Jahr gehabt oder nicht; und in den Feiertagen hat er Zeit, an das vergangene so wie auch aufs folgende Jahr zu gedenken, ob es gut seyn werde. Nun ist von alten Zeiten her der Aberglaube unter uns eingerissen, daß der gemeine Mann sich einbildet, in der Christnacht oder dem heiligen Abende könne man von künftigem Glück oder Unglück und überhaupt von dem, was sich künftig zutragen werde, urtheilen. Deßwegen ist ein Landmann gar leicht auf die Gedanken kommen, daß man auch von der bevorstehenden Fruchtbarkeit in der Christnacht, mithin auch von der Witterung werde urtheilen können. Nun ist aber die Witterung unterschieden; derowegen hat man gar bald gesehen, daß man mit einer Nacht nicht hat auskommen können, und deßwegen hat man für jeden Monat des folgenden Jahres einen Tag genommen. Bey allen diesen Regeln wird voraus gesezt, daß der Christtag und die nächst darauf folgende Täge seinetwegen etwas prophetisches an sich haben sollen, welches aber in einer blossen Einbildung besteht. Der Ungrund dieser Meinung ist daher klar, daß Christus nicht in eben der Nacht geboren worden, die wir davor zu halten pflegen. Wenn man demnach gleich einräumen wollte, daß Christus seinen Geburtstag mit einer prophetischen Kraft begabet, und dadurch von andern Tagen des Jahres unterschieden hätte: so würde man doch nicht nach Gefallen den 25 December annehmen dörfen, sondern man müßte den eigentlichen Tag der Geburt wissen, dessen Andenken auch in diesem Fall GOtt würde erhalten haben.

Zweitens wenn man währenden Zwölfen Hülsenfrüchte, als Erbsen, Linsen, Bohnen u. d. geniesse: so werde man krank, und bekomme die Kräze und andere Ausschläge; oder wenn man Fleisch darinnen esse: so crepire das beste Stück Vieh im Stall. Dieser leztere Aberglaube favorisiret dem Beutel. Sollte ein

Haus-

Hausvater, der viele Kinder und Dienstboten hat, in diesen Feyertagen viel Fleisch zu essen geben: so wird der Wehrt von einem guten Stück Vieh bald vermisset werden, um so mehr, als auch in jenen Tagen weniges gearbeitet wird. Es kann wohl seyn, daß zuweilen ein vierschrötiger Bauer, der sonst wenig krank ist, in den Zwölfen nach Genuß der Hülsenfrüchte krank worden ist; allein ich glaube, daß, wenn man den Grund davon genau untersuchen wollte, die Schuld nicht allein auf die Hülsenfrüchte fallen möchte. Denn der Bauer wird zu keiner Zeit häufiger krank, als in Feyertagen, weil er darinnen nicht arbeiten darf, und sich daher auch nicht viel vom Stuhle rücket; hernach auch die meisten Kuchen ißt, und sich dabey den Magen überladet; endlich in solchen Tagen gemeiniglich einen tüchtigen Rausch trinket. Bey solcher Bewandniß kann es kommen, daß ihm Hülsenfrüchten Schaden thun, welches er nicht zu befürchten hat, so lange er ordentlich lebt und arbeitet. Es bleibet demnach, die Hülsenfrüchte

früchte in den Zwölfen eben so wol als zu anderer Zeit zu essen erlaubt, bis man durch die Erfahrung bezeugen kann, daß sie, und warum sie alsdenn ungesund sind.

Etwas von dem schandlichen Clauß (Sanct Nicolaus. *)

Nach der Absicht der Alten sollen sich die Kinder über die Geburt ihres Erlösers freuen. Diese Freude aber kann bey diesem schwachen Alter nur

---

*) Woher es komme, daß diesem Nicolaus zugeschrieben wird, er werfe den Kindern gutes durchs Fenster zu, ist aus seiner Lebensbeschreibung abzunehmen: Erat Paratæ vir nobilis, sed egenus, cui erant tres filiæ, quarum ætas nuptias flagitaret. Quas cum non modo viris tradere, sed ne alere quidem posset, egens pater earum pudicitiam prostituere cogitat. Sed re cognita, Nicolaus mox *noctu per fenestram tantum pecuniæ injecit, quantum unius virginis doti satis esset.* Quod cum iterum et tertio fetisset etc. vid. Vit. Sanctorum Comp. Har. pag. 1073.

nur durch die Sinne in die Seele einbringen. Ich table also die Erweckung der Freude nicht, wol aber den damit verbundenen Aberglauben. Ich billige es, wenn man den Kleinen die Kleidungs-Stücke, die sie ohnedem nöthig haben, am heiligen Abend gibt; aber ich kann nur nicht leiden, daß sie Clauß gebracht haben soll. Warum belüget man sie, gerade da man ihnen den ersten Begrif davon beybringen will, daß sie ihrem Heylande alle ehemals verscherzte Güte und Gaben GOttes zu verdanken hätten? Warum erschröckt man sie mit vermumten Personen, macht sie schüchtern und abergläubisch, und stürzet sie wol gar in Krankheiten? Es bleibet bey allem diesen nicht. Man erzehlt den Kindern allerley Gespenster- und elende Geschichten, die der Aberglaube in dem verdorbenen Gehirn der Ammen und Wärterinnen gezeuget, und die Vernunft mit Mühe wieder in Nichts verwandelt. Der mächtige Held Clauß geht voran; ihm folgen Gespenster, Alpe, Hexen, Zauberer, feurige Drachen, Teufel mit Ochsenhörnern,

nern, Pferdefüſſen und Kuhſchwänzen: Teufel in rothen Kleidern, mit Allonge-Perücken, und Hahnenfüſſen, dieſe heiſſen die: GOtt behüt uns, Kobolde, Wechſelbälge, dreybeinigte Haſen, das wilde Heer, ſchwarze Hunde; und wer weiß? wie die Phantomen mehr heiſſen. Ich erinnere mich, daß ich ungefehr ehedem zu der Erzehlung einer Geſpenſter-Geſchichte kam. Als ich die Thüre öfnete: ſo brachen die jungen Leute in ihren Reden ab, fuhren aber auf mein Verlangen fort, und kehrten ſich nicht an mich. Ich ſezte mich zu dem Lichte, welches in einer Ecke der Stube aufm Tiſche ſtand, und ſtellte mich, als wenn ich in einem Buche läſe, das ich aus meiner Taſche zog. Ich hörte fürchterliche Geſchichte von Geiſtern, die in der heil. Adventszeit, am Niklas-Tag u. d. zu erſcheinen gewohnt ſind, und wie Aſche ſo bleich wären. Wie nun ein Geiſt den andern erreget: ſo bemerkte ich, daß zu dem Ende einer jeden Geſchichte die ganze Geſellſchaft dichter zuſammen rückte, und ſich näher hinter den Ofen dräng-

drängte. Sonderlich beobachtete ich einen kleinen Knaben, der auf eine jede Historie so Achtung gab, daß ich mich sehr irren müßte, wie er es darauf wagen sollte, fürohin allein zu Bette zu gehen. Ich will ein Histörchen hersetzen, welches aus dem Munde einer Wärterin geflossen: „Es war einmal ein Mann, der lag des Nachts im Bette, da klopfte es zwischen zwölfen und eins dreymal vor seiner Kammer. Als es das erstemal klopfte: rief er: wer ist da? Allein es antwortete nicht, sondern es war ganz stille. Es klopfte zum andernmal. Er rief wieder; aber es kam noch nicht. Er klopfte zum drittenmal, da dachte er: das geht nicht recht zu. Indem er das dachte: kam etwas weisses in die Kammer, ohne daß die Thüre aufgieng, winselte und rief: Mann! Mann! ich bin deine selige Frau, und kann nicht ruhen, bis du mir einen Leichenstein gesezet hast. Der Mann machte drey Kreuze, zog das Deckbette über den Kopf, und schwizte seinen Angstschweiß;

M 5 aber

aber das Gespenst riß ihm das Bett weg und drohte ihm, die Augen auszukrazen. In der Angst rief er: alle gute Geister loben GOtt den Herren! indem schlug die Glocke Eins, und der Geist verschwand. Dis ist eine wahre Geschichte. Die selige Base hat sie mir manchmal erzehlt, wie sie noch lebte, und die selige Frau war eine rechtschaffene Frau. Darum Zeit und Stunde sind nicht gleich. Ich weiß es selbst„ — heilloses Gewäsche!

o

Solche Erzehlungen haben betrübte Folgen. Ihre phantastischen Bilder drücken sich dem jugendlichen und zarten Gehirn so fest und tief ein, daß sie sich manches mal kaum in den männlichen Jahren gänzlich austreiben lassen. Die Gesezgeber sollten billig eine nachdrückliche Strafe auf solche Mährchen sezen. Es fehlet nicht an Büchern, welche Lehrer, Aeltern und Wärterinnen bey den Kindern mit Nuzen gebrauchen könnten. Weisse, Feddersen, Lavater, Seiler, Müller, Sulzer und viele andere

haben

haben Erzählungen geschrieben, davon man bey Kindern nach der Verschiedenheit des Alters guten Gebrauch machen könnte, anstatt ihnen die tumme Gespenster- und Hexen-Mährchen zu erzählen. Bücher genug, aber wer liefet sie?

Das Neueste aus dem Reiche des Aberglaubens.

Den 29. Oct. dieses Jahres soll das Mutis- oder wilde Heer die hiesige Luft paßirt haben. Ein loser Junge brachte diese Nachricht nach B. mit dem Beysaz, es sey ein Geschrey gewesen, als wäre es von kleinen Kindern. Gleich gieng das Gerücht, es seyen Kinder gewesen, die ohne Taufe gestorben — Eine gewisse Mutter, die ein todtes Kind geboren, bekümmerte sich sehr hierüber, welcher nun die Weisung gegeben wird, sich besser in der Religion zu gründen, und hiemit zu wissen, daß es nach eigener Eingeständniß des Jungen eine Menge Vögel gewesen, welche diß Geschrey gemacht, und auf dem Dach der Wohnung und Scheuer des S. in M. von vielen Leuten gesehen worden.

Etwas

Etwas aus meinem Tagebuch vom 16. Aug. 1767.

Ein verehrungswürdiger Lehrer, und nunmehriger Greis, hatte ehemals, da er auf der hohen Schule zu T. war, und seine Kost und Logis im C. Hause hatte, die Gewohnheit, Morgens in dem Wohnzimmer des Hauses einige Minuten zu verweilen, bis ihn die bestimmte Stunde in die Collegien rufte. Eines Tags fand er die Frau des Hauses in Thränen und äusserst niedergeschlagen. Der Umhang um ihr Bett, worin sie noch lag, wurde schnell aufgerissen. Sie sah ihren Bruder T**** der Kaufbuchhalter in Frankfurt war, und den sie herzlich liebte, vor ihr stehen, redete ihn an, und streckte die Arme gegen ihm aus; allein ihr vermeinter Bruder zog sich zurück. Sie eilte aus dem Bette, kleidete sich an, und suchte ihren Bruder allenthalben im Hause auf, ohne ihn zu finden. Sie fragte die Mägde, ob sie keinen Fremden ins Haus kommen gesehen hätten? welche antworteten, daß die Hausthüre heute noch nicht geöfnet worden, sondern noch verriegelt sey. Bey der nächsten Post lief die traurige Nachricht ein, daß ihr Bruder an einer unglücklichen Aderläse gestorben, welches zu eben derjenigen Zeit war, da die Frau des Hauses ermeldte Erscheinung hatte.

Das

Das eilfte Stück.

Ob, wenn dreyzehn Personen bey Tische sind, Eine von denselben in selbigem Jahr sterbe?

― veteres Avias tibi de pulmone revello.
Persius.

Stupendes Werk! Sie machen mir bange, Herr Recensent, ich habe nicht Erfahrung, nicht Zeit, noch Laune genug dazu, ein solches Werk auszuhecken. Wenigstens verschonen Sie mich mit Ihrer Amme, und schicken mir sie nicht über den Hals. Mich wundert, daß noch ein Fezen

von

von dem Register ihrer Amme übrig ist; ihre Kinder werden es bald als ein trefliches Amulet auf der Brust tragen. Wenn ich einen Jahrgang in einem duzent Bogen werde geliefert haben: so lege ich die Feder weg, weil es doch unmöglich scheinet, das ganze Reich des Aberglaubens zu prellen und alle Dummköpfe zurecht zu sezen. Sie wünschen zwar die Fortsezung dieser Bogen in ihren Recensionen; Allein sie glauben nicht, was für ein kritischer Dunst einem entgegen steigt, wenn man eine Weile in der Pfüze des Aberglaubens gestiert hat. Alle abergläubische Meinungen untersuchen und sie weitläufig widerlegen wollen, ist unnüze. Recitasse est etiam refutasse, ist nicht selten die Catheder-Sprache. —

Eine gewisse Edelfrau lud einige Beamte mit ihren Ehegattinnen zu Tische. Sie ladet öfters und gerne, wenn sie auf ihrem Landhause ist, und bewirthet gut. Jeder schreibt es sich zur Ehre an, in der Gesellschaft dieser Dame zu seyn. Der Umgang mit ihr hat ein gewisses Salz, welches sonst selten angetroffen wird. Man siehet

het keine verschwenderische Ausschweifungen in Speisen: was aber aufgetragen wird, ist schmackhaft — Die Tafel war bey dem Eintritt der Gäste mit zwölf Gedecken versehen. Schon hatten die Gäste das Tischgebet durchgemurmelt, und die Sessel in Bewegung gebracht, um sich darauf zu sezen, als sich unvermuthet noch jemand melden ließ, der die Edelfrau sprechen und mit ihr speisen wollte. Dieser Ankömmling würde noch leicht einen Raum an dem Tische gefunden haben, ohne daß benachbarte Ellnbogen einander feindselig zu behandeln Ursache gehabt hätten, und strazzende Poschen finden ohnehin auf dem Lande noch einen dürren Boden zum Wachsthum. Allein wer unter allen Sterblichen hat nicht auch sein Steckenpferd? Auf den ersten Wink der Dame grifen die Bediente zu, deckten die grosse Tafel ab, und zerlegten sie zu zwey kleineren Tischen, an welche sich die Gäste auf Veranstaltung der Dame also sezten, daß sechs Personen an dem einen Tisch, sieben aber davon an dem andern zu sizen kamen. Einige aus den

den Gästen wußten die Ursache dieser Umstaltung schon. Die Edelfrau war der Meinung, daß wenn dreyzehn Personen miteinander zu Tische sind und speisen, Eine davon in selbigem Jahr gewis sterben würde. Mein Freund, der selbst in dieser Gesellschaft gewesen, erzehlte mir den ganzen Verlauf, und nachdem ich mich diese ungereimte Meinung nicht wenig befremden ließ, versicherte er mich, daß nicht nur einzelne Personen, sondern ganze Völkerschaften an derselben krank lägen.

Es ist doch unerträglich, was der Aberglaube für Arbeit macht, und wohin er sich dringet. Wo man es am wenigsten vermuthet, da springet eine Otter heraus. Wer hätte glauben sollen, daß er sich auch an eine zufriedene Tischgesellschaft wagen würde? Hat mich doch des HErrn Wort essen und trinken, und nur alles zu Gottes Ehre thun heissen, ohne auf die Anzahl der Gäste zu sehen. Seit deme ich wider das Reich des Aberglaubens zu Felde gezogen bin, finde ich es
so

so riesenmäsig, so unüberwindlich, daß ich in Sorgen bin, das Grab werde nie zugemauert werden können.

Ich fragte begierig nach der Ursache, warum man der Zahl dreyzehn so viele Gewalt und heimliche Bosheit aufbürde, daß man sie eines Menschen-Mords beschuldige, wenn sie bey Tische unter Personen vorkomme? Man ließ mich rathen, und den Grund davon selbst in der heiligen Schrift suchen. Traun! da wurde ich stuzig, auf diese frische, gesunde Quelle wäre ich nie gefallen, um aus ihr einen matten, faulen Aberglauben herzuleiten. Das Geheimniß mußte in der Stelle des Evangelii liegen, wo gesagt wird, daß der HErr Christus an dem Abend, da er das Osterlamm aß, mit den Zwölfen zu Tische gewesen. Also machten der Heyland und seine Jünger die Zahl von dreyzehn aus; und es geschah, daß einer von diesen dreyzehn, nämlich Judas Ischarioth, bald hernach starb.

Der hinkende Schluß ist also dieser: Bey dieser Ostermalzeit waren ihrer dreyzehn bey Tische;

von diesen dreyzehn starb einer bald hernach; folglich muß man für einen oder den andern in dem Jahre besorgt seyn, wenn sich dreyzehn Personen bey Tische finden. Wäre es erlaubt, nach dieser Art zu schliessen: so könnte man nach einem andern Beyspiel aus dem Evangelio sagen, daß der reiche Bösewicht, weil er allein bey Tische war, in eben derselben Nacht starb; folglich habe man Ursach zu fürchten, daß man bald sterbe, wenn man allein speiset.

Einwürfe genug streiten wider diesen seichten Grund, auf welchem jene blöde Meinung beruhet. Nach diesem Beyspiel sollten nicht nur Eine, sondern zwey Personen aus dreyzehn gleich hintereinander sterben, welche beysammen zu Tische gewesen, da sowohl Judas als der HErr selbst gestorben sind. Aus dem Tode, welcher den HErrn Christum betroffen, könnte man mit gleichem Recht behaupten, daß es dem vornehmsten aus der Tischgesellschaft gelten sollte. Gesezt, es wäre dieser HErr in den

den beyden erſten Jahren ſeiner Amtsführung nur ein einzigmal mit ſeinen zwölf Jüngern zu Tiſche geweſen: ſo hätte ſich dieſer tragiſche Zufall mit Juda ſchon eher ereignen ſollen, da in eben demjenigen Jahr eine Perſon aus dreyzehn ſterben muß, in welchem ſie beyſammen geſeſſet haben. Hat die Meynung ſtatt, welche einige unter den Gelehrten von der Figur der Tafel, woran Chriſtus mit ſeinen Jüngern gelegen, gehabt haben: ſo fällt vollends die ganze Stüze weg. Fünf Perſonen waren auf dem einen Lager, fünfe auf dem andern, und Chriſtus mit Petro und Johanne auf dem dritten. Dem ſey, wie ihm wolle, es entdeckt vielmehr Chriſtus die wahre Urſache, welche Judam geſtürzt, weil er ein Verräther war, der, nachdem er ſo unglücklich geweſen, ſich wider den Urheber des Lebens zu verſchwören, aus Verzweiflung ſein eigener Henker wurde. Es war nicht die Zahl dreyzehn, ſondern ſein treuloſes Herz, das ihm den Tod zuwegen brachte.

Ueberdiß ist bey dem Mahl, wo der Heyland und seine zwölf Jünger die Zahl dreyzehn ausmachten, diese Zahl für ihn und sie alle die gewönliche Zahl der Familie bey allen Mahlzeiten, als eines Vaters, der zwölf Kinder hat. So wie ihrer dreyzehn bey Tische waren, wenn Jakob mit seinen zwölf Söhnen aß. Nun sind aber nur die ausserordentlichen Dinge, bey denen etwas wunderbares und besonderes vorkommt, von der Art, daß sie in Erstaunen sezen, und einen traurigen Zufall zu fürchten Anlaß geben.

Aber vielleicht ligt das Fatale in der Zahl Dreyzehn, selbst? die Fatalität gewisser Zahlen, Figuren, Zeiten, Oerter u. d. bestehet darin, daß die Dinge, die in einer gewissen Zahl u. d. sich befinden oder zutragen, nothwendig also und nicht anders seyn und sich zutragen können. Würde eine solche Fatalität statt finden: so würde dadurch nicht allein dem menschlichen Willen, wovon die Handlungen der Menschen abhangen, sondern auch Gott selbsten, unter dessen Regierung alle Dinge in

der

der Welt stehen, alle Freyheit benommen, welches ungereimt ist. Zwar hat Gott auch eine Ordnung nach den Regeln der Weißheit festgesezt, nach welcher gewisse Dinge in der Welt nothwendig kommen und geschehen müssen. So lange man bey blos natürlichen Dingen und derselben Erfolg bleibet, ist zwar die Fatalität gewiß und natürlicher Weise unveränderlich. Z. E. Kein Mensch kann die Regeln der Bewegung umstosen. Etwas schweres dringet sich allezeit nach dem Mittelpunct der Erde u. d. Aber für keine Zahl, und also auch nicht für die Zahl dreyzehn ist eine Regel in der Natur festgesezt, nach welcher sie eine thätige oder wirksame Ursache seyn sollte, und etwas gutes oder böses zu thun vermögend wäre. Was auch die gröste heydnischen Weltweisen für eine ausserordentliche, verborgene Kraft in einigen Zahlen mögen gefunden, oder vielmehr ihnen angedichtet haben: so findet man sie doch heutiges Tages bey dem helleren Lichte nicht mehr, und diese Kraft hat sich längstens aus den Zahlen ausgeschwizet.

Wir wollen der Zahl dreyzehn noch näher auf den Leib gehen, und sie in verschiedene Zahlen zerlegen, weil sie doch eine zusammengesezte Zahl ist. Sie bestehet aus Zehn, welche man für eine vollkommene Zahl ansiehet, und aus drey, die für noch vollkommener gehalten wird. Nun kann ein Ganzes nicht schlechter seyn, als seine Theile; und was vollkommen ist, das kann man nicht für eine böse Vorbedeutung annehmen.

Doch jener Edelfrau gefiel eine andere Eintheilung ihrer Tischgesellschaft, welche samt ihr aus dreyzehn Personen bestand. An dem einen Tisch kamen sieben, und an dem andern sechs Personen zu sizen. Ich weiß aber von der Zahl sieben weit mehr böses zu sagen, als von allen andern, wenn man ja den Zahlen eine nachtheilige Wirkung auf das Leben des Menschen einräumen will. Man sagt, alle sieben Jahr gehe überhaupt eine wichtige Veränderung mit dem Menschen vor, die wichtigste aber ereigne sich, wenn der Mensch siebenmal sieben, oder noch mehr, wenn

er

er siebenmal neun Jahre seines Alters zähle, oder das gefährliche grosse Stufen-Jahr antrette. Nach der Süßmilchischen Berechnung sind schon die ersten sieben Jahre eines Menschen die Lebensgefährlichsten. Die Söhne Hippokrats und Galens machen die gedoppelte siebende Zahl, nämlich vierzehn fürchterlich, von der sie glauben, daß die Kranken dabey in grosser Gefahr seyen, und daß so gar viele am vierzehenden Tage sterben. Auch schon unter Königen soll diese Zahl ihre Tücke bewiesen haben. Je der siebende König in Frankreich ist gefangen genommen worden. Ludwig IX. wird im Jahr 1250. von den Saracenen in Egypten geschlagen und gefangen; Johannes, der siebende König nach jenem Ludwig, ebenfalls nach einer unglücklichen Schlacht im Jahr 1356. gefangen; Auch Franciscus I. der siebende König nach diesem, von Kayser Carl V. im Jahr 1525. in der Schlacht bey Pavia gefangen und nach Spanien geführt. Beynahe wäre dem folgenden siebenden Könige, nämlich Ludwig dem XIV. ein gleiches Unglück begegnet. Ich will

will kürzlich davon Meldung thun. Ein Oberster, Namens von Grobbendonk, wollte besagten König Ludwig XIV. in seine Falle bringen. Er diente unter den Alliirten, und hielte sich in Ryssel auf, welches damals die Alliirten inne hatten. Grobbendonk, den der Ruhm seines Geistes mehr adelte, als die Schilder seiner Vorfahren, dachte nur daran, wie er Proben eines erfahrnen Soldaten ablegen, und itzt einen Meisterstreich ausführen möchte, wozu Entschlossenheit den Weg bahnte. Er erfuhr, daß der König auf die Lustreise von Versailles nach Marly nur zwölf Grand-Mousquetaires zur Wache mitnehmen, und unterwegs die Madame Maintenon in dem Kloster zu St. Cloud besuchen würde. Der Ritter ließ sich durch keine Hindernisse in seinem schönen Traum stören, und unternahm diese halsbrechende Arbeit mit hundert versuchten Kriegsleuten. Allein der Wegweiser, der seinen eigenen König nicht ans Messer liefern wollte, war dieser schwärmenden Parthie nicht treu genug, sondern führte sie durch Umwege, daß Grobben-

donk

donk eine halbe Stunde zu spåt ankam, wofür zwar der Wegweiser eine Tracht Schläge auf den Dexboden zum Lohn bekam, er selbst aber zu nicht geringem Verdruß sehen mußte, daß die glänzende Beute entgangen. Doch liefen ihm zwey Französische Generale ins Garn, welche er auf ihren Gütern aufgehoben und in Ryssel im Triumpf aufgeführet hat. Beweise genug, daß die Zahl sieben sich in einen schlimmern Ruf gesezet, als die Zahl dreyzehn; Mithin jene Edelfrau nicht fürsichtig genug gehandelt habe, wenn sie ihre Tischgesellschaft auf oben angeführte Weise abgetheilet hat. Mir kommt eben noch die Stelle aus dem Sallustius vor, welche darthut, daß sieben Personen an einem Tische miteinander gespeiset haben, als der tapfere Sertorius von dem M. Perpenna, der das Gastmal gegeben hatte, ermordet worden ist. Die Namen der Gäste sind daselbst mit andern Umständen ausdrücklich angeführt.

In den älteren Zeiten liebte man bey Tische nur kleine Gesellschaften, auſſer wenn öffentliche Feſtins gegeben wurden. Entweder drey Perſonen nach der Anzahl der Grazien, oder ſieben, der ſieben Weiſen wegen, oder ihrer Neun, um den Chor der Muſen vorzuſtellen, machten die ganze Tiſchgeſellſchaft aus. Julius Capitolinus iſt böſe darauf, daß Lucius Verus die Gewohnheit der Alten verlaſſen, und eilf Perſonen bey Tiſche hatte. Allein in den Saturnus-Feſten des Makrobius wird endlich von einem Gaſtmal geredet, wobey Vektius ſich erkläret, daß man in der Zahl der Grazien und Muſen zugleich da wäre. Rechnet man zu dieſen Zwölfen den König des Feſtes, den er nicht mitzählte, wie er ſagt: ſo ſind es dreyzehn. Und dieſe Zahl macht ihm ſo wenig Kummer, daß er ſie vielmehr mit Vergnügen anführt. Auch ſahen ſie nicht abergläubiſch hiebey auf die ungerade Zahlen, nach dem Verſe des Martials:

Accipe lanata scriptum testudine sigma:

Octo capit, veniat quisquis amicus erit.

Gleichwohl werde ich ein Beyspiel anführen, wo es scheinet, die Zahl dreyzehn sey ein Handgeld zum Grabe gewesen. In dem Leben von Joh. Wibert, Grafen von Rochester, stehet eine Stelle von einem Gastmal, welches bey Madame Warre, der Schwieger-Mutter dieses Lords, gegeben wurde, in welcher mit Fleiß gezeichnet ist, daß dreyzehn Personen an der Tafel befindlich gewesen. Ein junges Frauenzimmer erinnerte bey Tische den Capellan daran, der, als wenn er alsbald gemerket hätte, daß er das Opfer unter diesen dreyzehn werden würde, sich nach der Abendmalzeit ganz unruhig in sein Schlafzimmer begab, und des folgenden Morgens tod in seinem Bette gefunden ward.

Das neuste Beyspiel, das mir bewußt, ist dasjenige, das mir mein Freund ohnlängst überschrieben hat: Im Jahr 1773. gieng ich mit

mit einigen guten Freunden von F. aus aufs Land. Als wir eben im Begrif waren, an den Tisch zu sizen: so wurde bemerkt, daß dreyzehn Gedecke vorhanden waren. Um diesen Umstand zu vermeiden: traf man die Auskunft, daß die ledige Schwester unserer Wirthin, ein Frauenzimmer von 20 — 25 Jahren an einen Nebentisch gesezt wurde. Um sie nicht allein zu lassen, und mir und den übrigen Gästen das thörichte dieses Vorurtheils zu benehmen, sezte ich mich zu ihr. Diß geschah an Ostern. Das Frauenzimmer starb vier bis fünf Monate nachher. — Es ist aber wol zu merken, daß sie schon einige Jahre vorher schwindsüchtig gewesen.

Es gibt freilich mehrere Beyspiele, daß unter dreyzehn Gästen Einer gestorben; Denn nach der Süßmilchischen Berechnung stirbt in mittelmäßigen Städten, wie die meisten sind, in einem Jahr je der sechs und zwanzigste, ohne auf den Unterscheid des Alters zu sehen. Alte Leute laden

den auch andere, die ihres Alters sind, zu Tische; mithin ist es kein Wunder, wenn unter 26. alten Personen zwey, oder unter dreyzehn Eine in einem Jahr eine Beute des Todes werden, besonders wenn man öfters Gastereyen anstellt, und durch unmäßigen Genuß der Speisen und des Weins auf die Gesundheit Jagd macht.

Den 13. Maji 1776. war ich selbst bey einer Gastung, wo dreyzehn Personen zu Tische saßen. Die Folgen davon werde ich nach Verfluß des kritischen Zeitpunkts melden können. Drey Personen darunter waren zwischen 60 — 70. Drey zwischen 50 — 60. Vier zwischen 40 — 50. Zwey zwischen 30 — 40. und Eine etwa 26. Jahre alt. An dem Tage, als ich dieses schreibe, welches der 14. Oct. ist, befinden sie sich noch alle wol.

Allein man mag noch so viele Beyspiele anführen, Beyspiele der Schwachheit des Geistes, die das Herz tödtlich kränken, oder Beyspiele der

der Stunde, die einem Menschen zu seinem Ausgang aus der Welt gesezt war: so ligt darin kein hinlänglicher Grund. Diese Zahl hat bey Gastmalen nicht mehr Wirkung als in allen andern Fällen. Ich bilde mir daher ein, daß derjenige, welcher zuerst eine Vorbedeutung von der vermeinten Gefahr für eine von den dreyzehn Personen, die miteinander bey Tische sind, angegeben hat, weniger an die Zahl dreyzehn ins besondere gedacht habe, als daran, daß diese Zahl grösser ist, denn sie bey Gastmalen gemeiniglich zu seyn pflegt. Nun aber finden sich unter einer beträchtlichen Anzahl von Personen so wohl schwache als starke, so wohl unmäßige als mäßige, so wohl alte als junge Leute, kurz verschiedene Leibesbeschaffenheiten, es sey nun von Natur oder von Alter. Und es kann nicht wohl seyn, daß bey dieser Verschiedenheit von Leuten nicht einer oder der andere von der Zahl den Sold der Sterblichkeit in dem Jahre bezahlen sollte. Mit dem Tode ist es, wie mit den Zehnden einiger grosser Herren. Bald nehmen sie den dreyzehnden, bald den zehnden, den siebenden, und wohl gar den vierten.

Noch etwas! der Pabst wascht am grünen Donnerstag, nicht wie andere grosse Herren zwölf armen Männern, sondern dreyzehn armen Priestern

stern, welche man Apostoli heißt, die Füsse. Der Grund hievon beruhet auf einer Legende, nach welcher als der Gregorius Magnus einstens zwölf arme Männer gespeiset, der dreyzehnde unversehens dazu gekommen. In der Kirche S. Gregorio Magno, die diesem Pabst zu Ehren in Rom erbaut worden, ist noch eine marmorne Tafel, auf welcher folgender Vers eingegraben:

Bis senos Gregorius hic pascebat egenos,
    Angelus et decimus tertius accubuit.

Es ist Zeit abzubrechen. Ich fange an zu gähnen, was wird nicht der Leser thun? Ueber die mörderische Zahl dreyzehn ist die Fahne geschwungen, und sie von Stund an ehrlich erklärt. Wehe dem, der sie noch ferner zum Banditen macht!

Nachricht aus dem Reiche des Aberglaubens.
Die Kuh, die Selbsthexe.

Eine Kuh, welche ehmalen die Häfen mit Milch reichlich anfüllte, hörte auf, Milch zu geben. Von Rechtswegen sollten die Menschen bey einem solchen Fall zuerst auf natürliche Ursachen denken; allein sie bieten ihrer Vernunft auf der Stelle ab, und verfallen aufs widernatürliche. Der Kuh mußte die Milch von bösen Leuten genommen seyn. Man suchte unter der Schwelle der Stall-Thüre nach,

nach, ohne etwas von Hexerey anzutreffen. Der Nachrichter von B. das Orakel der Narren, wurde um Rath gefragt, und endlich herbeygerufen. Er mahlte beym Eintritt in den Stall an allen vier Wänden Creuze, Druidenfüsse und andere seltsame Figuren an. Man mußte der Kuh etwas Milch abzapfen, inzwischen Feur auf dem Herd anmachen, und so bald man die Milch in eine eiserne Pfanne gebracht hatte, mit Dornstecken erbärmlich auf sie losschlagen. Den folgenden Tag lief man alle Gesichter der alten Weiber in L. begierig durch, ob nicht von den Dornschlägen tiefe Scharten auf einem derselben zu sehen wären; allein man ward nichts gewahr, und die Kuh gab ohnerachtet dieser ebentheurlichen Execution noch nicht Milch. Der Kühhirte, dem man von dem ganzen Vorgang in der Stille Nachricht gab, dachte besser als alle die andern. Er gab auf die Kuh acht, wenn er sie auf der Waide hatte, und sah endlich, daß die Kuh sich selber die Milch ausgesogen hatte. Der Kühhirt sagt aus, er habe diesen blinden Leuten den Staar bey nahe nicht stechen können. Es sey der schwarze Staar gewesen. Sie seyen so halsstarrig auf ihrer blöden Meinung geblieben, daß er sie erst auf den Plaz habe führen, und daselbst handgreiflich überführen müssen, die Milch werde der Kuh nicht von bösen Leuten, sondern von ihr selbst genommen.

Das

Das zwölfte Stück.

Die Todten-Uhr.

Dum mortem vitare studet, vitamque tueri,
Se toto vitæ tempore torquet homo.
Owen.

Wir wundern uns nicht, wenn wir eine zerbrechliche Maschine hinfallen sehen, was wollen wir uns dann über die Endschaft des Lebens wundern, auf welche jeglicher Augenblick der Zeit ein gleiches Recht hat? Ist der Tod wol jemals weit von uns? GOTT hat uns den Augenblick, da er uns überfallen soll, verborgen, und dieses ist so etwas, welches wir Ihme nie genug dan-

Erste Samml. O ken

ken können. Gesetzt, ein mancher wüßte, wenn er sich mit der Welt, mit seinen Freunden, mit seinen Gütern u.s.d. abfinden sollte, wie angstvoll würde er diesem Zeitpunkt entgegen sehen, wie viele Mittel würde er anwenden, ihn etwas länger hinauszusezen? Viele würden durch stete Betrübniß sich verzehren; viele dem Tode durch den Tod zuvorkommen. Alle aber würden sich diese glückliche Unwissenheit zurückwünschen, die ihnen bey dem ersten Anblicke zu nachtheilig schiene.

Glückliche Unwissenheit! dennoch ersinnet der Schwarzblütige zu seiner Qual ausserordentliche Zeichen, die ihme die Zeit seines Todes verkündigen müssen. Der Mensch bauet Gerüste auf, auf welchen er Eulen und Raben einen holen Leichenton von sich geben, und Kazen und Hunde sich den Tod vorheulen läßt. Es gibt eine unzählbare Menge von solchen Todes-Vorboten. Dergleichen sind: das dreymalige Anklopfen an der Thüre, ein ungewöhnlicher Fall im Hause, das Geräusch auf den Kirchhöfen, das Schmazen in den Gräbern, das Spucken der Geister,

das

das Schießen der Sterne, das Geheul der Hunde, das Beissen der Kazen, der Flug der Raben, der Anblick einer Eule, das Schwizen und Läuten der Glocken, fürnemlich auch der Schlag der Todten-Uhr u. d. m.

Hätten endlich diese vermeinten Todes-Vorboten noch diesen Nuzen, daß der Vorhang von der schrecklichen Ewigkeit weggerissen, der Sichere hierüber erschreckt, und eine wahre Herzens-Besserung in der vestgesezten Ordnung dadurch veranlaßt würde: so möchte meinetwegen der Hund heute noch an das Haus meines sichern Nachbars hinheulen, und die Todten-Uhr in sein Gewissen heilsame Schläge thun; Allein er hört, er erschrickt, und scherzet nach, wie vor. Der Kluge denket mit Ernst an die Zukunft. ─

Der Todten-Uhr legt beyderley Pöbel einen vorzüglichen Rang in traurigen Prophezeyhungen bey. Für ihr schwindelt es dem Krieger, der bey dem Donner der Canonen einen eisernen Muth hat, und für ihr zittert der wollüstige Höfling. Man trift sie überall an. Sie hänget

sich

sich an die Tapeten an, und lermet ihre Schläge in der stillen Nacht hörsam genug auf der Ohr-
trommel des eiteln Ludwigs her; Sie ist aber
auch unter dem Strohdache, nur mit diesem Unterscheid, daß der unschuldige Hans sie gelassen
hört, seine Seele GOtt empfiehlt, und unter
der rauschenden Laubdecke ruhig schläft, da Ludwig bey jedem Schlage mehr erblaßt, und die
Nacht heulend hinbringt.

— Die Todten-Uhr ist nach der Meynung derer,
die sie mit Schrecken hören, ein Zeichen, welches
durch gewisse, meistens ungerade Schläge, als
wären es Schläge einer Sackuhr, in einem
Hause seinem Innwohner entweder seinen eigenen Tod oder den Tod eines seiner nahen Anverwandten andeutet. Herr P. V. zu S. versichert mich, er höre sie jedesmal, ehe in der Nähe oder Ferne jemand von seinen Anverwandten
sterben werde. R. verliert zwölf Kinder. Nie
höret er vor dem Verlust derselben den schrecken-
den Ton der Todten-Uhr; aber kaum ehe seine
Ehegattin eine Beute des Todes wird: höret so-
wol

wol er, als seine sterbende Gattin denselben. Es wäre leicht, eine Menge von Beyspielen anzuführen, wenn es erfodert würde. Die vermeinte Todten=Uhr entstehet alsdenn, wenn eine gewisse Art Holzwürmer mit ihren hervorragenden Rüsseln auf eine ihnen natürliche Weise, nach Art der sogenannten Baumbicker, gewisse Schläge oder Stösse wider das Holz thut, und damit das Getöse einer laufenden Sackuhr macht. Der berühmte Linnäus nennet diesen Wurm Termitem fatalem. Zum Beweis dessen, was ich hier sage, führe ich vier Gelehrte an, welche eine gründliche Untersuchung hierinn angestellt haben, ob sie gleich nicht in allen Stücken miteinander überein kommen. Der eine ist der berühmte Arzt in London Doctor Thomas Brown, der in seinem siebenmal wieder aufgelegten Buch: Enquiries into very many received tenents &c. also davon geschrieben hat: Es ist ein allgemein herrschendes Vorurtheil, daß eine Art von Mücken, welche in den Häusern das Getöse einer Sackuhr von sich gibt, von einer bösen Bedeutung sey, und den Tod eines Innwohners vorher verkündigen soll, wodurch sich die hasenschreckischen Gemüther unnöthiger Weise in Furcht und Schrecken sezen lassen. Das Thier, welches dieses Getöse macht, ist ein kleines graues Insecte, das doppelte Flügel hat, und sich den Sommer hindurch im Getäfel oder anderm Schreinwerk aufhält. Ich habe, fähret er fort, ihrer viele gefangen, und sie in sehr dünnen Schächtelgen aufbehalten. Ich habe genau gesehen, wie sie mit ihrer Schnauze wider die Wand des Schächtelgens gestossen, und gemeiniglich neun oder eilf Stösse nacheinander gethan haben, besonders beweisen sie sich geschäftig, wenn die Witterung warm ist. Es haben daher die Grosmütter und Ammen nicht nöthig, durch solche unschuldige Thiergen sich in Unruhe sezen zu lassen, und zu glauben, es habe der Tod ihre schreyende Kinder schon unter der Sense, wenn sie die Todten-Uhr hören.

Der andere Gelehrte, den ich zum Zeugen aufrufe, ist der durch seine orientalische Reisen

sehr

sehr berühmte Prof. Petrus Forskal, dessen gelehrtes Werk neuerdings unter folgendem Titul aufgelegt worden ist: Descriptiones Animalium, avium, amphibiorum, piscium, insectorum, vermium, quæ in itinere orientali observavit Petrus Forskal, Prof Havn. Havniæ 1775. 4. Dieser gelehrte Mann macht noch eine genauere Schilderung dieses Holzwurms, und behauptet, von ihnen eine grosse Menge im Orient gesehen zu haben. Dieser Wurm ist so groß, sagt er, als ein Reiskorn, oder doch gewiß nicht grösser, als der dritte Theil eines Zolles. Unten ist er gelb, er hat sehr kurze borstige Haare, über den Rücken her dunkelrothe Queerstriche, und einen länglichten Kinnbacken. Andere von diesen Würmern haben grössere, gewölbtere Köpfe, eine weißgelbe Brust und einen gebogenen, verlängerten Kinnbacken. Noch andere einen kleineren Kopf, dunkelrothe Brust u. d.

In der Stadt Beutelfakih, fähret er fort, wurde mir ein Zimmer angewiesen, welches vorlängst ein Holzwurm in Besitz genommen, der die furchtsame

same Innwohner daraus vertrieben hatte. Ich bemerkte bald an der hölzernen Wand seine künstliche Gänge, welche er in der Breite eines Fingers von unten schnurgrad hinauf gemacht hat. Dieses gesellschaftliche Thier arbeitet mit vereinigter Macht zum Schaden des Hauswesens. Die weise Vorsehung hat dieses verhaßte Volk lichtscheuend gemacht, sonst würde er alle Innwohner in die Flucht jagen. Wenn es seinen Bau aufführet: so bringet ein jeder Arbeiter im Munde etwas feuchten Leim, und klebet ihn an dem Rand an; daher ist der Canal während Aufbaues immer zwey Zoll hoch naß. Einige Arbeiter springen zuweilen hervor, und recognosciren. Den ersten Abend stürzte ich ihre Gänge ein; sie aber stellten in eben derselben Nacht das eingestürzte in einer Länge von drey Ellen wieder her. Ich zertrümmerte ihren Gang nur hier und da; sie unterließen die Ausbesserung, bis die Fensterläden beschlossen waren. Zu nicht geringem Verdruß der finstern Arbeiter hielt ich ein brennendes Licht an die Oefnung des Ganges;

sie

sie sezten ihre Arbeit im Verborgenen fort, doch so, daß, da sie zuvor in der Finsterniß zwey Zoll hoch in einer Stunde ihren Spaziergang verlängert hatten, sie jezt in einer Stunde nur einen Zoll zu Stande brachten. Endlich stieß ich ein fünf Ellen langes Gewölb ein, ohne sein Fundament zu verlezen. Ueber diesem grossen Ruin schienen sie bestürzt zu seyn, und hielten sich die ganze Nacht stille; sezten aber beym Anbruch der Morgenröthe ihr Geschäft desto hiziger fort. Wenn die Röhre oder der bedeckte Gang unbeschädigt ist: so ist er glatt und gleich; hat er aber nach einem erlittenen Einsturz wieder müssen ausgebessert werden: so ist seine Oberfläche rauh und narbicht. Eben dieser Holzwurm ist nach der gemachten Anzeige den zarten Gewächsen und gewissen Bäumen nicht wenig nachtheilig, welches ich aber hier nicht weiter anzuführen Willens bin.

Der dritte ist der weltberühmte Holländer, Swammerdam. Er nennet diesen Wurm einen Scarabæum von der kleinsten Gattung und sagt: wenn derselbe die beyde vordere Füsse fest gesezet,

und seinen Kopf zwischen sie eingebogen hat: so macht er an alten getäfelten Wandungen einen sehr beschwerlichen Schlag, welcher so tönend ist, daß einige leichtgläubige, furchtsame Leute sich beredet haben, sie seyen mitten unter Gespenstern. Wegen diesem Ton, den dieses Insecte auf Anstossung seines Hauptes erreget, nennet er dasselbe auch Sonicephalum.

Der vierte Gelehrte, nämlich D. Lesser sagt in seiner Insectotheologie S. 464. also: Einige wollen aus der Menge oder Gegenwart der Insecten allerhand ausserordentliche Vorbedeutungen machen. Andreas Mathiolus schreibet, man finde in einem jeden Eichäpfel, der kein Loch hätte, entweder eine Fliege, oder Spinne oder Made. Finde man eine Fliege: so müßte man dasselbe Jahr Krieg gewärtig seyn; wäre eine Made darinn: so bedeute es Mißwachs oder theure Zeit; eine Spinne aber zeige an, daß man sich pestilenzialischer Krankheiten zu befürchten hätte. Wenn viele Heuschrecken in ein Land kämen:

men: so sollen dieselben übernatürlicher Weise Krieg, Pest und Hunger bedeuten. Und einige sind in ihrer aberglaubischen Einbildungskraft so weit verführt worden, daß sie gar auf deren Flügeln gewisse Schriften haben lesen wollen, die dieses gemeldet hätten. So meinen auch gemeine Leute, wenn das Insect, die Todten=Uhr genannt, in ein Haus kommt, und mit seinem genau abgemessenem Nagen, welches wie die Schläge des Perpendiculs an einer Taschenuhr klingt, sich hören läßt: so müsse in kurzem jemand in solchem Hause sterben. Alle diese berufen sich auf die Erfahrung. Allein aus nicht gegründeter Erfahrung etwas beweisen wollen, ist der allerelendeste Beweiß; denn wenn zwey Sachen in der Welt aufeinander folgen, woher weiß man dann, daß es eigentlich GOttes Wille gewesen, durch das erste das folgende anzudeuten? Zu dem so findet man, daß oft dergleichen Insecten gesehen oder gehöret worden, auf welche doch weder Krieg, noch Hunger, noch Pest, noch der Tod erfolget. Hat es sich ja zugetragen,

gen, daß dergleichen Zufälle wol erst nach einigen Jahren, nachdem sich die Insecten haben hören oder sehen laßen, und auch wol in andern Ländern sich geäuſſert: so haben dennoch die Menschen geglaubet, daß diese Thiere dieselbigen angedeutet hätten. —

Was ists nun für ein Rhinoceros, für welchem sich so viele Menschen fürchten? Ein sehr kleines knochenloses Insecte nach der Anzeige dieser Gelehrten. — Ich muß jetzt die Segel einziehen, da ich noch etwas zum Beschluß zu sagen habe.

Beschluß.

Ich habe zur Schande des menschlichen Geschlechts die Feder geführt, und in diesen wenigen Bogen gezeigt, welche Gewalt der Aberglaube über den meisten Theil desselben unumschränkt übe. Die Auctorsucht hat mich nie befallen. Würde mich der Aberglaube nicht bis an den Altar hin verfolgt, und mir anderwärts Tücke bewiesen haben: das Schwerd wäre in der Scheide geblieben.

blieben. Jedoch billiget ein solches Unternehmen auch die heil. Schrift, welche allenthalben auf die Vertreibung der Finsternisse bringet. In der beliebten Wochenschrift: Der Mensch, heißt es in dem 403. Stück also: "Es macht sich ein jedweder Mensch um seine Nebenmenschen verdient, und zwar sehr verdient, wenn er ihnen die Augen öfnet, und sie irgends von einem Aberglauben befreyet." Bey allem deme wird es an hämischen Ausfällen nicht fehlen; ich gedenke aber nicht, mit jemand hierüber eine Lanze zu brechen. Was wirft nicht ein leichter Novellist auf Unkosten eines andern für Brocken hin, damit er seinem Leser den Schlaf vertreibe?

Der Plan, den ich mir bey Widerlegung des Aberglaubens machte, war dieser: Ich wollte eine Präservativ-Cur mit jungen Leuten vornehmen, und sie, noch ehe der Aberglaube auf sie hageln läßt, unter Dach bringen. Bey alten Leuten ist Hopfen und Malz verloren, aber das
wach-

wächserne Herz der Jugend nimmt noch jede Bildung an. Das Sprüchwort rechtfertiget sich genug:

Quo semel est imbuta recens servabit odorem.
Testa diu.

Das ist: "Ein gehärteter Soldat kehrt sich an die Schüsse wenig, und seine Haut ist so gegerbt, daß man aus ihr Reuter-Collete und Stiefeln machen kann, an statt daß ein anderer, der noch ein feines Fell hat, einen jeden Stoß empfindet.,,

Ein jedes Kind fühlt den geringsten Meisselstoß, und läßt sich formen. Nur kommt es darauf an, wer den Meissel führet. Ich war also Willens, die Jugend mit den herrschenden aberglaubischen Meynungen bekannt zu machen, und den schädlichen Eindrücken derselben vorzubeugen. In dieser Absicht schrieb ich den ersten Bogen, und gleich das erste Stück kleidete ich so ein, daß der Jüngling den Inhalt begierig lißt, und so er ihm in die Feder dictirt wird, (das Dictiren aber ist in teutschen Schulen nüzlich

nüzlich und gesezmäßig) solchen aufbehält, und eine Sammlung davon vielleicht seinen Nachkommen als eine tüchtige Brustwehr wider die Anfälle des Aberglaubens hinterläßt. Der Inhalt des ersten Stücks ist dieser: Aberglaubische Leute gestatten nicht, daß ein Selbstmörder auf den gemeinen Kirchhof begraben wird. Eine wahre Geschichte wird angeführt — was für eine empfindliche Strafe auf ein eigensinniges Bezeugen erfolgt. — Ueberdiß suchte ich junge Leute mit den heilsamen Gesezen des Landes bekannt zu machen, und endlich sie durch die wirkliche Erfahrung zu überzeugen, daß das Ungewitter seit denen Jahren, da der Selbstmörder auf dem Kirchhof zu B. begraben liegt, an den Feldfrüchten daselbst keinen Schaden gethan habe, mithin diese aberglaubische Meynung verwerflich sey. — Das war der Plan, den ich in wenigen Bogen auszuführen mir vorgenommen hatte; Allein das Schwäbische Magazin, welches alle Achtung verdienet, that in dem vierten Stück des vorigen Jahres S. 324. in einem

freund-

222

freundschaftlichen Tone einen andern Vorschlag; ich folgte ihm, und hoffe, die Befolgung desselben werde nicht ohne Nuzen seyn.

.

Es erscheinet hier das erste Duzend. Von Rechtswegen sollte das zweyte Duzend folgen. Es sind wirklich noch mehrere Stücke zu Faden geschlagen, welche fürnemlich den Aberglauben in der Religion betreffen, und bald zusammengeschneidert wären, daß monatlich ein Bogen in einem annehmlichen Gewand auftretten könnte; Allein ob ; ; und ob ; ; und ob ich besonders wieder so einen gutdenkenden Verleger bekommen werde? — Derselbe schrieb mir bey Uebersendung des Manuscripts zum ersten Bogen also zurück: "Der Druck dieser Schrift freuet mich, und wenn ich auch meine hierauf verwendende Kosten nicht wieder herausbringen sollte, dennoch deswegen, weil ich längst gewünscht habe, daß doch jemand auch in diesem Stück dem einfältigen Theil der Menschen den Kopf zurecht sezen möchte!„ —

Würde

Würde ich die beste physikalische Aufsätze geliefert, und denenselben die Wappen der gelehrtesten Schriftsteller zu Erzwingung eines Beyfalls reihenweise angehänget haben: so würde das Gähnen dererjenigen Leser, für welche ich schreibe, nicht verhindert worden seyn. Ich mußte einen populären Vortrag wählen, der auch nach dem Zeugniß der Frankfurter Gelehrten Anzeige S. 791. vorigen Jahrgangs getroffen ist. Historische Einkleidungen sind das schwarze Kirschenwasser, womit gewisse trockene Arzneyen zum Verschlucken schicklicher gemacht werden. Ist anbey die Arzney gut und kräftig: so muß auch ein alter Hefelgrund dadurch aufgerührt werden, und wegstürzen.

Welch Contraste! der Philosoph und neben ihme ein altes wahrsagerisches Mütterchen. Kunkelstuben-Stücke unter der philosophischen Knute.

Die etlichen Bogen angehängte Nachrichten aus dem Reiche des Aberglaubens überschla-

224

ge man meinetwegen; doch sind sie wahr, und nuzen in ähnlichen Fällen. Man kan es in dem Manuscript nicht so genau treffen, daß es gedruckt gerade einen Bogen füllt.

Warum in den sechs ersten Bogen *) Grab des Aberglauben, und nicht Aberglaubens? Jener Athenienstsche Regent ließ dem Hunde, den er meistens um sich hatte, den Schwanz abhauen. Das schiene den Atheniensern so abentheurlich, daß diese That einige Zeit der einzige Gegenstand des Gespräches in allen Gesellschaften wurde, wodurch aber der Regent die Augen der Athenienser von seinen vorhabenden wichtigen Unternehmungen abkehrte. Es giebt eine Art liebloser Leser, welche nichts gut heissen, und nichts ungetadelt lassen können. Das abgehauene Schwänzgen (6) ist die Leimruthe, woran sie gleich werden hangen bleiben. Nun so trödeln sie meinetwegen an dem Schwänzgen,
nur

---

*) Nach der ersten Ausgabe.

nur laſſen ſie die Hauptſache gut ſeyn. Sonſt mögen ſie wol wiſſen, daß der Hund nur den Schwanz verloren, der Kopf aber noch ſtehe.

Der Baum des Aberglaubens hat ſo einen dicken Wald, und ſeine ſtarke Wurzeln ſind ſo verbreitet, daß es unmöglich iſt, ihn von dem Erdboden auszurotten. Wenigſtens beredete ich michs nie, durch gegenwärtige Bogen, kämen auch ohne ſie tauſend Duzend zum Vorſchein, ſolches bewirken zu können. Man ſtellet den Mäuſen Fallen, ob man wol verſichert iſt, daß keine totale Niederlage erfolgt.

Es iſt Zeit, daß ich euch von mir laſſe, meine zwölf Söhne! man will euch in die Oſtermeſſe ſchleppen. Gönnet eurem Vater das nöthige Incognito. Ich kan euch nicht verſichern, ob nicht ein Regen ſatyriſcher Pfeile über euch her ſtürze; ihr müſſet Gedult haben, bis die erſte Hize vorbey iſt. Wo ihr Pöbel merket, da bringet euch auf. Sehet nicht auf Kleider, nicht auf Rang und Stand, nicht auf Geschlecht noch Alter, nicht auf Palläste noch Strohdächer, nicht auf gewisse Gegenden und Länder. Allenthalben treffet ihr Pöbel an. Machet helle vor euch her, wo es finster ist. Bey Lehrern in Kirchen und Schulen wünsche ich euch besonders eine geneigte Aufnahme und schickliche Benutzung zum Vortheil der Lernenden. Auch wünsche ich euch von Herzen Licht und Beystand von oben, daß der Aberglaube in seiner schändlichen Blöse erscheine, und er aufhöre, seine Sclaven gleich den Irrwischen in Sümpfe zu führen.

www.ingramcontent.com/pod-product-compliance
Lightning Source LLC
Chambersburg PA
CBHW021809230426
43669CB00008B/691